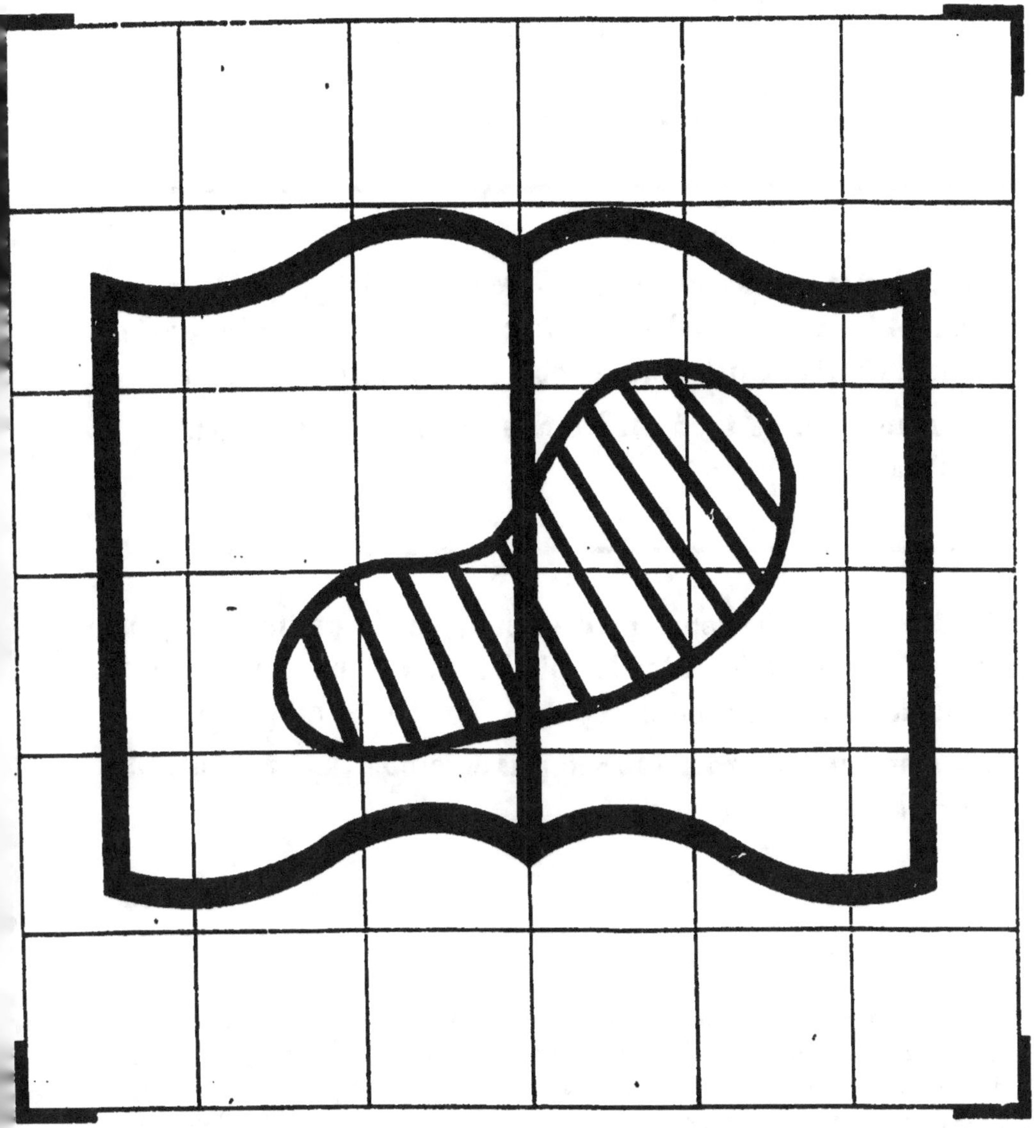

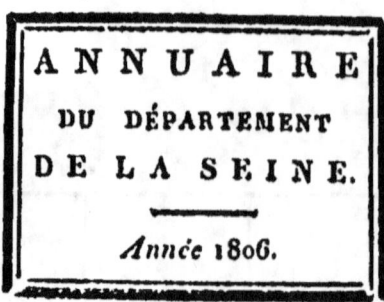

ANNUAIRE
DU DÉPARTEMENT
DE LA SEINE.

Année 1806.

En s'adressant directement à l'Auteur, par la petite Poste, on recevra l'Annuaire dès le lendemain à l'adresse qui sera indiquée, et franc de port, pour la somme de 6 fr. payables au porteur.

Les Annuaires de 1805 et 1806 pris ensemble, chez l'Auteur, 10 francs.

En s'adressant directement à l'Auteur, par la petite Poste, on recevra l'Annuaire dès le lendemain à l'adresse qui sera indiquée, et franc de port, pour la somme de 6 fr. payables au porteur.

Les Annuaires de 1805 et 1806 pris ensemble, chez l'Aute ur, 10 francs.

AVIS.

Dans le Supplément que je publierai vers la mi-mai, je dois donner la liste des personnes inscrites à la Préfecture pour l'exposition place des Invalides, avec l'annonce des objets qu'elles se proposent d'exposer. Je dois aussi donner dans le même supplément un état général des différens établissemens particuliers de la ville de Paris, les plus intéressans et les plus avantageusement connus dans chaque partie. Si vous desirez, Monsieur, que votre maison soit annoncée dans ce supplément, je vous invite à me faire parvenir (*port rganu*) une note exacte dans le plus bref délai.

NOMENCLATURE

DES

RUES DE PARIS,

Pour servir à la recherche des Rues, Culs-de-Sac, Passages, etc., sur le Plan de Paris de N. Maire, imprimé sur une feuille de papier grand-aigle, dédié et présenté au Roi, en juin 1816.

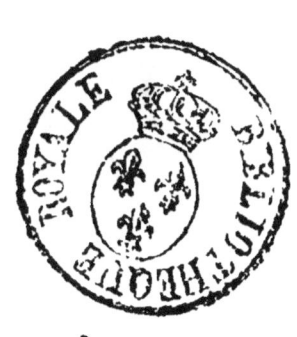

PARIS,

RUE DE TOURNON, n° 7.

1816.

IMPRIMERIE DE LE NORMANT , RUE DE SEINE.

AVIS DE L'ÉDITEUR.

Cette Nomenclature des Rues de Paris a été imprimée quelque temps avant la première restauration de la monarchie. Elle étoit destinée à être annexée à deux Plans de Paris de ma composition, dont l'un forme un atlas in-8° en vingt-trois feuilles ; l'autre est sur une seule feuille de papier grand-aigle. Le premier Plan a paru en même temps que cette Nomenclature, sous le titre de *Topographie de Paris*. La publication de l'autre a été différée jusqu'à ce jour à cause des circonstances. Ainsi tout ce qui est relatif au gouvernement de l'usurpation, et à la *Topographie de Paris*, doit être regardé ici comme non avenu. En un mot, on déclare formellement qu'on ne prétend donner ici que la simple Nomenclature des Rues, Culs-de-sac, etc., avec les changemens survenus depuis, par ordonnance du Roi en 1815, selon le tableau qui suit. Ainsi, pour trouver une rue sur le Plan de Paris, de grand-aigle, *la Rue de Tournon*, par exemple, vous la cherchez dans le onzième arrondissement, comme vous le dit la dernière colonne ; vous êtes aidé dans votre recherche par son tenant, *la Rue du Petit-Lion*, et par son aboutissant, *la Rue de Vaugirard*. Enfin les n°s 33 et 20 qui suivent immédiatement ce dernier nom vous indiquent si vous devez diriger vos pas vers le commencement, le milieu, ou la fin de la rue, suivant l'instruction imprimée en tête de l'article *Rues*. Quant au chiffre et à la lettre 12-c, qui viennent immédiatement après la première colonne, ils doivent être regardés ici comme non avenus, puisqu'ils se reportent au plan de la *Topographie de Paris*. Les chiffres qui se trouvent en avant de quelques noms de la première colonne sont des chiffres de renvoi sur le Plan pour les noms qui n'ont pu y être gravés, faute de place ; et ils se rapportent également à l'un et l'autre Plan de Paris.

CHANGEMENS

Survenus par ordonnance du Roi, en 1815.

—————————◦◦◦◦◦◦◦◦◦◦◦◦◦◦—————————

RUES, PLACES, QUAIS, etc.

Noms supprimés.	Noms actuels.	Noms supprimés.	Noms actuels.
Abbaye (rue de l').....	rue Bourbon-le-Château.	Iéna (rue d').......	esplanade des Invalides.
Aboukir (rue d').....	rue Bourbon-Villeneuve.	Iéna (place d')........	place du Louvre.
Alençon (quai d').....	quai Bourbon.	Iéna (pont d')........	pont des Invalides.
Alpes (rue des).......	rue de Beaujolois.	Impériale (rue).......	rue du Carrousel.
Arcole (rue d').......	rue de Beaujolois.	Jardin des Plantes (r. du)	rue du Jardin du Roi.
Austerlitz (rue d')....	esplanade des Invalides.	Lille (rue de)	rue Bourbon.
Austerlitz (place d')...	place du Muséum.	Lion (part. de la r. du pet.)	rue du Petit-Bourbon.
Austerlitz (pont d')...,	pont du Jardin du Roi.	Lycée (rue du)........	rue de Valois.
Batave (partie de la rue)	rue de Valois.	Mably (rue de)........	rue d'Enghien.
Batave (partie de la rue)	rue de Montpensier.	Malte (rue de)........	rue de Chartres.
Blanche-de-Castille (rue)	rue Saint-Louis.	Mantoue (rue de)......	rue de Chartres.
Bonaparte (rue)......	rue St.-Germain-des-Prés.	Marceau (rue)........	rue de Rohan.
Bonaparte (quai).....	quai d'Orsai.	Marengo (place).......	place de l'Oratoire.
Cérutti (rue).........	rue d'Artois.	Monnoie (quai de la)...	quai Conti.
Cisalpine (rue).......	rue de Valois.	Montorgueil(p. de la r. de)	rue Comtesse d'Artois.
Concorde (rue de la)...	rue Royale.	Napoléon (rue)........	rue de la Paix.
Concorde (place de la).	place Louis XV.	Napoléon (quai)......	quai de la Cité.
Concorde (pont de la)..	pont Louis XVI.	Quiberon (rue)........	rue Montpensier.
Convention (rue de la)..	rue du Dauphin.	Thionville (rue de)....	rue Dauphine.
Corps-Législatif (pl. du)	place du Palais-Bourbon.	Thionville (place).....	place Dauphine.
Durnstein (rue).......	rue de l'Echaudé.	Turenne (rue de)......	rue Saint-Louis.
Fréjus (rue de).......	rue de Monsieur.	Vendôme (r. de la place)	rue Louis-le-Grand.
Guntzbourg (rue de)...	rue Cardinale.	Vosges (rue des).......	rue Royale.
Helvétius (rue).......	rue Sainte-Anne.	Vosges (place des).....	place Royale.
Hoche (rue de).......	rue de Beaujolois.	Wertingen (rue).....:	rue Furstemberg.

RUES NOUVELLEMENT PERCÉES.

Rues nouvelles.	Tenans.	Aboutissans.	Arr.
Elisabeth (rue Sainte-)...........	rue des Fontaines...............	rue Neuve-Saint-Laurent....	6.
Pélerins-Saint-Jacques (rue des)...	rue de la Grande-Truanderie.....	rue Mauconseil.............	5.

COUP-D'ŒIL GÉNÉRAL

SUR LES

ACCROISSEMENS ET EMBELLISSEMENS

DE LA VILLE DE PARIS,

DEPUIS JULES CÉSAR JUSQU'A NOS JOURS.

L'EXISTENCE historique de la ville de Paris date de l'an 56 avant l'ère chrétienne, époque où Jules César s'en rendit maître en faisant la conquête des Gaules, dont elle étoit dès-lors un chef-lieu habité, sous le nom de Lutèce, par les Parisiens, l'un des quatre-vingt-dix-huit peuples qui composoient la Gaule celtique. Elle étoit alors renfermée toute entière dans l'île de la Cité, et n'offroit pour toutes habitations qu'un amas de chaumières rondes sans cheminées, éparses çà et là. Le reste du sol, occupé aujourd'hui par cette capitale de l'Empire, étoit couvert au nord de la Seine par des bois, et au midi par des vignes et des prairies. César la rebâtit en grande partie, l'entoura de murailles, et y transporta la diète générale des Gaulois. Elle resta sous la domination romaine 452 ans, pendant lequel temps elle devint le séjour de quelques empereurs, entr'autres de Julien, qui fit bâtir hors de ses murs, vers l'an 358 de J. C., le palais des Thermes et ses vastes jardins. Vers 465, les Francs du fond des forêts de la Germanie pénètrent dans les Gaules, chassent les Romains de Lutèce, et la proclament, en 508, la capitale de leurs Etats. Clovis leur roi, et Clotilde son épouse, occupent le palais des Thermes, fondent sur le mont Lucotitius l'abbaye de Saint-Pierre et Saint-Paul, et sont inhumés tous deux dans cette église, qui prit depuis le nom de Sainte-Geneviève, ainsi que la montagne. Lors de sa démolition, en 1807, on découvrit dans les fouilles leurs tombeaux, qui furent transportés au Musée des Monumens Français, où ils sont exposés aux regards du public.

Sous les rois de la première dynastie française, c'est-à-dire, jusqu'en 751, Paris resta à peu près dans le même état. Orléans et Soissons, qui devinrent aussi capitales, lors du partage des conquêtes de Clovis en quatre royaumes, et les guerres continuelles de ses successeurs firent négliger son séjour. Le règne des *Rois Fainéans*, qui date de 673, ne le rendit pas plus florissant.

> Quatre bœufs attelés, d'un pas tranquille et lent,
> Promenoient dans Paris le monarque indolent.

Sous les rois de la deuxième dynastie, c'est-à-dire, depuis l'an 751 jusqu'en 987, Paris fut presque abandonné. Charlemagne et ses successeurs parcourant toute l'Europe, le premier pour créer son vaste empire, les autres pour le conserver, n'y demeurèrent qu'en passant. Aussi ne s'y passa-t-il rien de remarquable, si ce n'est les continuelles excursions des Normands, qui en furent si vaillamment repoussés en 885 par Eudes, comte de Paris, et Gozlin, son évêque.

Paris n'a donc jusqu'ici d'autre enceinte que celle que Jules César lui a donnée, celle de son île. Je vais essayer de tracer la marche progressive de ses accroissemens en suivant la plus naturelle, celle de ses différentes clôtures. Pour bien entendre tout ce qui va suivre, il faut avoir sous les yeux le plan général des clôtures qui se trouvent placé à la fin des gravures, et lire la nomenclature des clôtures qui se trouve à la fin du texte, *pag.* 63. Voici donc les principales constructions qui eurent lieu dans Paris et ses faubourgs depuis la première clôture jusqu'à la deuxième, c'est-à-dire, depuis l'an 56 avant J. C., jusqu'en 990 de notre ère, dans l'espace de 1,046 ans, tant sous la domination romaine, que sous la monarchie française. Il n'y a que cette première époque qui offre un laps de temps aussi considérable d'une clôture à l'autre ; celles qui suivent n'excèdent jamais 200 ans.

CONSTRUCTIONS DURANT LA PREMIÈRE CLOTURE.

Intra muros.	*Extra muros.*

SOUS LA DOMINATION ROMAINE.

Intra muros.	*Extra muros.*
	Première construction du Grand et Petit-Châtelet, par ordre de Jules César.
	Un Temple à la déesse Isis, là où est actuellement l'église Saint-Germain-des-Prés.
Reconstruction de presque toutes les maisons de la Cité, par ordre de Jules César.	Un Temple au dieu Mercure, là où sont actuellement les bâtimens de l'ancien couvent des Carmelites de la rue st. Jacques.
Première construction du Palais-de-Justice.	Un Temple au dieu Mars, sur la montagne de Montmartre.
Un Temple ou Autel à Jupiter, par le corps des négocians, là où est actuellement l'église Notre-Dame.	La construction présumée d'un Temple à la déesse Cybelle, là où est actuellement le carrefour des rues Coquillière et J. J. Rousseau.
La première basilique des Parisiens, Saint-Etienne, là où est le Palais Archiépiscopal.	Le palais des Thermes, dont il nous reste encore une salle, rue de la Harpe, n° 63.

SOUS LA MONARCHIE FRANÇAISE.

Intra muros.	*Extra muros.*
	Première construction de Sainte-Geneviève.
	Première construction de Saint-Severin.
Première construction de Notre-Dame.	Première construction de Saint-Laurent.
Première constr. du Louvre sous Dagobert 1er.	Première constr. de Saint-Germain-des-Prés.
Première construction de Saint-Eloi.	Première construction de Saint-Gervais.
Première construction de l'Hôtel-Dieu.	Première constr. de Saint-Germain-l'Auxerrois.
Première construction de Saint-Landry.	Première construction de Saint-Julien-le-Pauvre.
Première construction de Saint-Barthélemy.	Première construction de Saint-Benoît.
	Première construction de Saint-Martin.
	Première construction de Saint-Merri.
	Première constr. de Notre-Dame-des-Champs.

C'est sous les rois de la troisième dynastie ; qui dura 806 ans, que Paris acquit ce degré de splendeur qui le place au premier rang des capitales du monde policé. Quelques temps après que Hugues Capet, premier roi de cette dynastie, fut monté sur le trône, c'est-à-dire, vers l'an 990 , ce prince fit élever au nord de la Seine une deuxième clôture qui passoit à peu près dans les mêmes endroits où Julien avoit établi quelques postes militaires vers l'an 358. Dès ce moment les rois de France, qui avoient toujours demeuré hors les murs de Paris, au palais des Thermes, fixèrent leur résidence habituelle dans son enceinte, au Palais de la Cité. A cette époque, outre le faubourg qui s'étoit formé au nord de la Seine, on se plut beaucoup à bâtir entre Paris et la Montagne-Sainte-Geneviève comme pour se mettre à l'abri, par ce mont, des intempéries de la saison, et le long de la rivière, sur un terrain qu'on appeloit alors le territoire de *Laas* , depuis le pont Saint-Michel jusqu'au pont des Arts. Ces constructions, tant publiques que particulières, offroient un mélange bizarre de cette architecture gothique et lombarde, apportée en France par ces hordes de Barbares du nord qui, en ravageant l'Empire Romain, ensevelirent sous ses ruines les beaux monumens des anciens, et avec eux les arts et les sciences. Voici celles qui eurent lieu dans Paris et ses faubourgs depuis la deuxième clôture jusqu'à la troisième, c'est-à-dire depuis l'an 990 jusqu'en 1190 , dans l'espace de 200 ans.

CONSTRUCTIONS DURANT LA DEUXIÈME CLOTURE.

Intra muros.	*Extra muros.*
	Reconstruction de Saint-Germain-des-Prés.
	Première reconstruction de Saint-Martin.
Restauration du Palais.	Saint-Lazare.
Saint-Denis-de-la-Châtre.	Première constr. de Saint-Nicolas-des-Champs.
Sainte-Marine.	Saint-Victor.
Saint-Pierre-aux-Bœufs.	L'Eglise des Innocens.
Sainte-Croix en la Cité.	Saint-Médard.
Saint-Pierre-des-Arcis.	Les Halles.
Fondation de la Cathédrale actuelle.	Saint-Jean-de-Latran.
Hôpital Sainte-Catherine.	Le Temple.
	Saint-Thomas-du-Louvre.

La troisième clôture qui fut commencée sous le règne de Philippe Auguste, en 1190 , et ne fut terminée qu'en 1211 , recula considérablement les limites de la ville de Paris, et la plaça dès ce moment au rang des premières villes de l'Europe. Les arts et les sciences commencèrent à y pénétrer pour l'embellir. L'architecture sarrazine, improprement appelée gothique, apportée du fond de la Syrie par les artistes et amateurs qui avoient été aux Croisades, vint donner à nos temples des formes moins lourdes et plus régulières. Le célèbre Pierre de Montreuil, qui avoit accompagné saint Louis dans ses voyages en Palestine, créa à son retour le chef-d'œuvre de cette architecture arabe, l'élégante basilique de la Sainte-Chapelle. Les rues qui jusqu'ici n'avoient point été pavées, le furent aux frais d'un riche particulier de ce temps-là, Gérard de Poissy, qui versa au Trésor public, pour cet objet, mille marcs d'argent. Depuis cette clôture, jusqu'à la quatrième, c'est-à-dire depuis 1190 jusqu'en

1367, voici les constructions tant civiles que religieuses qui eurent lieu dans Paris et ses faubourgs pendant cet espace de 177 ans.

CONSTRUCTIONS DURANT LA TROISIÈME CLOTURE.

Intra muros.

Première construction de Saint-Côme.
Première construction de Saint-Etienne-du-Mont.
Saint-Symphorien.
Les Mathurins.
Saint-André-des-Arts.
Reconstruction de Saint-Gervais.
Première construction des Jacobins.
Première constr. de Saint-Nicolas du Chardonnet.
Première construction des Cordeliers.
Première construction de Saint-Leu.
Les Bernardins.
La Sainte-Chapelle.
La Sorbonne.
Sainte-Croix-de-la-Bretonnerie.
Première construction des Blancs-Manteaux.
Les Grands-Augustins.
Les Carmes-Billettes.
Saint-Jacques-l'Hôpital.
L'Hôpital du Saint-Sépulcre.
Saint-Julien-des-Ménestriers.
Le portail de Saint-Germain-l'Auxerrois.
Le Petit-Saint-Antoine.
Plusieurs collèges.

Extra muros.

Première construction de l'Abbaye Saint-Antoine.
Reconstruction de Saint-Julien-le-Pauvre.
La Tour du Temple.
L'Hôpital de la Trinité.
L'Eglise Saint-Honoré.
Deuxième reconstruction du Louvre.
Les Filles-Dieu.
Les Chartreux.
Les Quinze-Vingts (rue Saint-Honoré).
Sainte-Avoie.
Les Célestins.

Durant cette clôture de Philippe Auguste, Paris s'accrut davantage au nord qu'au midi, parce qu'on fut obligé de brûler, vers 1360, les faubourgs Saint-Germain-des-Prés, Saint-Jacques et Saint-Marcel, afin que les Anglais, qui étoient aux portes de la ville, ne pussent en profiter; ce qui explique pourquoi la clôture suivante n'eut lieu qu'au midi de la Seine, depuis à peu près l'endroit où est le pont d'Austerlitz, jusqu'à peu près celui où est le pont Royal des Tuileries.

On continua toujours à bâtir dans le style de l'architecture sarrazine, c'est-à-dire, à employer les formes ogives dans les voûtes de nos temples, à les soutenir par des colonnes également fuselées dans toute leur hauteur, et d'une légèreté admirable, et à prodiguer dans les façades une foule d'ornemens arabesques représentant des plantes ou des animaux. Enfin parut François Ier, et là finit le règne de l'architecture gothique, ou plutôt sarrazine; car les Goths ne savoient que détruire ou mal édifier. Les tours et les lourdes murailles du Louvre tombent pour faire place à la façade occidentale que nous voyons aujourd'hui. Un chef-d'œuvre en miniature, la Fontaine des Innocens donne tout-à-coup, sous le ciseau de J. Goujon, le signal d'une architecture grecque et romaine. Une nouvelle révolution va s'opérer dans les sciences et les arts; les mœurs vont s'épurer; Paris va bientôt prendre une face nouvelle. Depuis la quatrième clôture jusqu'à la cinquième, c'est-à-dire, depuis 1367 jusqu'en 1566, voici les constructions publiques qui eurent lieu dans la ville et les faubourgs pendant cet espace de 200 ans.

CONSTRUCTIONS DURANT LA QUATRIÈME CLOTURE.

Intra muros.

L'Hôtel Saint-Pol.
Le pont Saint-Michel.
Le palais des Tournelles.
Le pont Notre-Dame.
Reconstruction de Saint-Barthélemy.
Reconstruction de Saint-Nicolas-des-Champs.
Reconstruction de Saint-Côme.
Saint-Jacques-la-Boucherie.

Extra muros.

La Bastille.
Le château des Tuileries.
Reconstr. de Notre-Dame-de-Bonne-Nouvelle.
L'Hospice des Petites-Maisons.

C'est toujours au nord, dans ces temps de guerre avec les Anglais, que Paris s'agrandit, parce que les propriétaires sembloient bâtir avec plus d'assurance en voyant la Seine entre eux et l'ennemi. Ainsi, la cinquième clôture, comme on peut le voir sur le plan, ne fut pour ainsi dire que le prolongement de la précédente, pour renfermer dans son enceinte deux hameaux, la Ville-Neuve, la Butte-des-Moulins et le château des Tuileries. Les constructions qui suivent vont donc prendre, comme je l'ai dit plus haut, l'empreinte d'un nouveau style. Palladio a donné par ses écrits l'impulsion à l'Italie ; Pierre Lescot, Philibert-de-Lorme, et Jean Bullant vont l'imprimer à la France en suivant ces nouveaux préceptes d'architecture. Les ordres toscans, doriques, ioniques et corinthiens vont embellir désormais nos temples et nos palais, et leur donner ces formes nobles et imposantes qu'on admire dans les monumens des Grecs et des Romains. Voici les constructions tant civiles que religieuses qui eurent lieu dans la ville et ses faubourgs depuis la cinquième clôture jusqu'à la sixième, c'est-à-dire, depuis 1566 jusqu'en 1672, dans l'espace de 106 ans.

CONSTRUCTIONS DURANT LA CINQUIÈME CLOTURE.

Intra muros.	Extra muros.
Reconstruction de Saint-Jacques-du-Haut-Pas.	La Salpêtrière.
Reconstruction de Saint-Nicolas-du-Chardonnet.	Les Annonciades [Popincourt].
Saint-Anastase.	La Manufacture des Gobelins.
Le Pont-des-Tournelles.	L'Observatoire.
Saint-Louis-en-l'Ile.	Les Enfans-Trouvés.
L'Assomption.	La Congrégation.
Le Saint-Sacrement.	Panthemont.

Nous voilà arrivés enfin, au temps le plus illustre de la monarchie, au siècle de Louis XIV, qui vit éclore tant de merveilles dans tous les genres. Le génie des arts sembloit attendre cette époque brillante pour créer au milieu de Paris le chef-d'œuvre de l'architecture moderne, la colonnade du Louvre. Dès ce moment la victoire est décidée ; Paris occupe le premier rang parmi les capitales du monde civilisé. Les Perrault, les Mansard, les Lemercier, les Blondel, en couvrant son sol de chefs-d'œuvre, semblent faire oublier ceux d'Athènes et de Rome. Soufflot va bientôt paroître et faire flotter, au sommet de la Montagne, sur le dôme de son Panthéon, l'étendard de cette victoire. On accourt en foule, de tous les points de l'Europe, pour admirer ces merveilles. Les Grands quittent leurs castels et leurs donjons, et viennent bâtir dans le faubourg Saint-Germain ces magnifiques hôtels, qui en font encore le quartier le plus riche de la capitale. Voici les constructions publiques qui eurent lieu tant dans la ville que les faubourgs, depuis la sixième clôture jusqu'à la septième et dernière, c'est-à-dire, depuis 1672, jusqu'en 1786, dans l'espace de 114 ans.

CONSTRUCTIONS DURANT LA SIXIÈME CLOTURE.

Intra muros.	Extra muros.
La colonnade du Louvre.	
Le Collége Mazarin.	
La porte Saint-Denis.	
La porte Saint-Martin.	L'Observatoire.
Les Jacobins [Saint-Thomas-d'Aquin].	L'Hôtel-des-Invalides.
Les Miramiones.	Le Palais-Bourbon.
Le Pont-Royal.	Sainte-Périne.
Reconstruction des Cordeliers.	L'Ecole-Militaire.
Reconstruction des Blancs-Manteaux.	Reconstruction de l'Abbaye Saint-Antoine.
La place des Victoires.	La place Louis XV.
La place Vendôme.	L'Hôpital-Néker.
Les Feuillantines.	L'Opéra [porte Saint-Martin].
L'Abbaye-aux-Bois.	Les Capucins [rue Sainte-Croix].
Le portail de Saint-Roch.	L'Hôpital-Beaujon.
Deuxième reconstruction de Saint-Martin.	Saint-Philippe-du-Roule.
La Fontaine de Grenelle.	Le Pont Louis XVI.
Sainte-Geneviève [le Panthéon].	NOTA. Obligé de donner ici à tous ces édifices
La Halle au Blé.	le nom historique du temps, j'observe qu'il sera
L'Hôtel-des-Monnaies.	facile de voir leur nouvelle dénomination dans le
L'Ecole-de-Médecine.	cours de l'ouvrage.
Le Mont-de-Piété.	
L'Odéon.	
Les galeries du Palais-Royal.	

La clôture actuelle recula considérablement les limites de la ville, et offrit aux architectes des terrains immenses pour exercer leurs talens. Aussi s'éleva-t-il de tous côtés, surtout à la Chaussée-d'Antin, et au faubourg Saint-Honoré, une foule de jolies habitations sur les dessins de Ledoux, de Brongniard, de Bellanger, de Cellerier, et d'autres. L'architecture suivit à cette époque, plus que jamais, l'impulsion des mœurs. Tout tendoit alors à l'atticisme, langage, style, arts et usages. L'attique, l'ionique remplacèrent les ordres corinthiens et composites, comme trop imposans. On étoit las de voir Rome dans Paris ; on ne voulut plus y voir que ces habitations gracieuses, ces jolis temples d'Athènes, que Pausanias décrit avec tant de complaisance. Mais ils dégénérèrent bientôt en colifichets en passant de la Chaussée-d'Antin sur les boulevarts et dans nos jardins chinois, appelés si improprement jardins anglais. Cependant, les édifices publics conservèrent toujours, comme nous allons le voir, un style de décoration plus grave. Voici ceux qui s'élevèrent dans les murs et hors les murs de Paris depuis cette septième et dernière clôture, c'est-à-dire, depuis 1786 jusqu'en la présente année 1813, dans l'espace de 27 ans.

CONSTRUCTIONS DURANT LA CLOTURE ACTUELLE,

JUSQU'EN 1813.

Intra muros.

Les Propylés, ou Barrières.
Le Théâtre de l'Odéon.
Le Théâtre des Italiens.
Le Théâtre-Français.
Le Théâtre-Feydeau.
Le Théâtre de l'Opéra.
Le quai Dessaix.
Le quai Bonaparte.
L'achèvement du Louvre.
Le quai Napoléon.
Le pont d'Austerlitz.
Plusieurs Fontaines.
L'Arc à Napoléon.
Le pont d'Iéna.
La Colonne d'Austerlitz.
Fondation du Temple de la Gloire.
Le Péristyle du palais du Corps-Législatif.
Fondation du Grenier-de-Réserve.
Fondation du palais de la Bourse.
Fondation de la Galerie de Rivoli.
La Caserne-Bonaparte.
La Halle à la Volaille.
Le quai Catinat.
Les cinq Abattoirs.
Fondation de l'Obélisque.
Fondation de la Halle au Vin.
Fondation du quai Montebello.
Fondation du palais du Roi de Rome.
Fondation du palais de l'Université.
Fondation du palais des Archives.
Fondation de l'hôtel des Relations extérieures.
Fondation de l'hôtel des Postes.

Extra muros.

La Santé [barrière d'Enfer].
L'Arc-aux-Armées.
Le Bassin de la Villette.
Le Cimetière de Mont-Louis.

Fondation du palais du Roi de Rome.
  Il paroît que ce palais se trouvera hors des murs de Paris, la barrière de Passy devant être reportée sur le quai de Billy, près la rue Basset-Saint-Pierre, et le mur de clôture allant regagner de là perpendiculairement à la rivière, l'autre mur qui est sur les hauteurs de Chaillot.

Le Hameau d'Austerlitz.
  Ce Hameau se trouvera bientôt renfermé dans Paris, le mur de clôture devant aller en ligne droite de la barrière d'Italie, à la barrière de la Gare.

  Des constructions multipliées près les barrières de Paris, surtout depuis l'impôt sur l'entrée des vins,

Je viens de crayonner l'esquisse des différens accroissemens et embellissemens de la ville de Paris, depuis la hutte du Parisien-Gaulois jusqu'à la Colonne-Napoléonne. Je laisse à une plume plus habile à en tracer le tableau dans tous ses détails (1); le cadre est vaste et présente des points de vue du plus grand intérêt sous le rapport des mœurs, des usages, des sciences et des arts. Je ne l'ai considéré que sous le rapport de l'architecture, parce que les édifices publics portent presque toujours l'empreinte du caractère national, des mœurs du temps. Les Parisiens qui bâtirent les flèches de Saint-Germain-des-Prés, et les piliers des Halles, ne ressembloient probablement guère, pour la finesse du goût, la noblesse des sentimens, aux Parisiens qui élevèrent le dôme des Invalides et la colonnade du Louvre. Je me résume, et j'observe que cinq genres d'architecture contribuèrent alternativement à l'embellissement de Paris depuis à peu près son existence historique jusqu'à nos jours ; 1°. l'architecture romaine du Bas-Empire, avec ses formes peu élégantes, il est vrai, mais si solides, et dont il nous reste encore un fragment dans la salle du palais des Thermes ; 2°. l'architecture gothique, avec ses formes barbares et irrégulières, qui nous fut apportée par les peuples du Nord, lors de leur invasion dans l'Empire Romain, et dont il ne nous reste aucuns vestiges ; 3°. l'architecture lombarde avec ses chapiteaux à bas-reliefs cylindriques, comme nous le voyons dans une partie des bas-côtés de Saint-Germain-des-Prés, et surtout dans l'église souterraine de Saint-Denis près Paris ; 4°. l'architecture sarrazine, avec tous ses ornemens arabesques, qui nous vint à la suite des croisades, et dont il nous reste un si beau modèle dans la basilique de la Sainte-Chapelle ; 5°. enfin, l'architecture ressuscitée des Grecs et des Romains, avec toutes les nuances puisées dans ses cinq ordres, le toscan, le dorique, l'ionique, le corinthien et le composite, et dont Paris offre mille chefs-d'œuvre. L'art de bâtir chez le peuple Parisien a suivi, pour ainsi dire, comme nous le voyons, la marche de sa civilisation et de ses destinées politiques. Barbare au commencement de la monarchie, il étoit riche et brillant au siècle de Louis XIV. Un nouveau siècle de gloire vient de s'ouvrir. Quelle direction va-t-il prendre, cet art qui, quand il est guidé par le génie, sait imprimer aux édifices publics ce caractère de grandeur, qui en fait autant de monumens historiques ? Ce ne sont point des détails minutieux, des bas-reliefs précieusement, mais froidement exécutés ; ce n'est pas même le fracas des décorations, qui peindront à la postérité ces événemens mémorables, ces prodiges de valeur qui ont signalé nos contemporains, cette révolution étonnante qui s'est faite dans nos mœurs, nos usages et notre caractère. Un fronton, quel que bien sculpté qu'il soit, ne peindra jamais tout cela ; c'est l'ensemble de l'édifice, c'est

---

(1) Deux grands écrivains, MM. Lacretelle et Marchangy, viennent de commencer avec le plus brillant succès la peinture de ce tableau dans un cadre plus étendu encore, le premier en nous offrant dans un coin, sur les plans avancés, les personnages et les événemens du siècle dernier, et l'autre en nous laissant entrevoir dans des lointains presque magiques ceux qui ont illustré et précédé les premiers siècles de notre monarchie.

le grandiose des façades ; c'est cette noble simplicité, cette grâce, ce beau idéal que les Grecs et les Romains ont su donner à toutes leurs constructions. Qui a inspiré leurs artistes et leur a fait enfanter tant de chefs-d'œuvre ? Ce sont les événemens extraordinaires qui ont illustré les siècles de Périclès et d'Auguste. Le nôtre semble s'annoncer avec plus de grandeur encore. Que le génie de nos artistes s'enflamme à la lecture des faits héroïques qui l'ont déjà signalé, et ils enfanteront aussi des chefs-d'œuvre. Cinq ordres d'architecture ont été inventés jusqu'ici, trois par les Grecs, et deux par les Romains. Pourquoi les Français n'en inventeroient-ils pas un sixième ? On l'a, dira-t-on, inutilement tenté jusqu'ici. Mais est-ce une raison pour ne pas tenter encore une chose qui paroît tant dans l'ordre des possibles ? Il ne faut qu'une heureuse inspiration, une étincelle de génie pour faire cette importante découverte.

L'architecture n'est point, comme la peinture, un art d'imitation ; c'est un art d'invention. Elle façonne à son gré les matériaux bruts qu'elle trouve dans le sein de la terre, et leur donne les formes qu'il lui plaît. Elle n'a point de type dans la nature, pas même dans la stature de l'homme. C'est un art créé tout entier par les mortels, quoique les anciens lui donnassent un dieu pour inventeur. Les Grecs et les Romains, les Grecs surtout, semblent avoir atteint le degré de perfection qui lui convient : il est donc bon de les imiter ; mais il ne faut pas les copier servilement : il faut inventer aussi ; c'est le propre du génie.

Il faut que nos architectes Français, à qui le Gouvernement vient de confier la construction du palais du Roi de Rome, du palais des Beaux-Arts, de celui des Archives, donnent à ces édifices, par des masses imposantes, cet air de grandeur, qui peigne à nos yeux et à ceux de la postérité les hautes destinées de l'Empire.

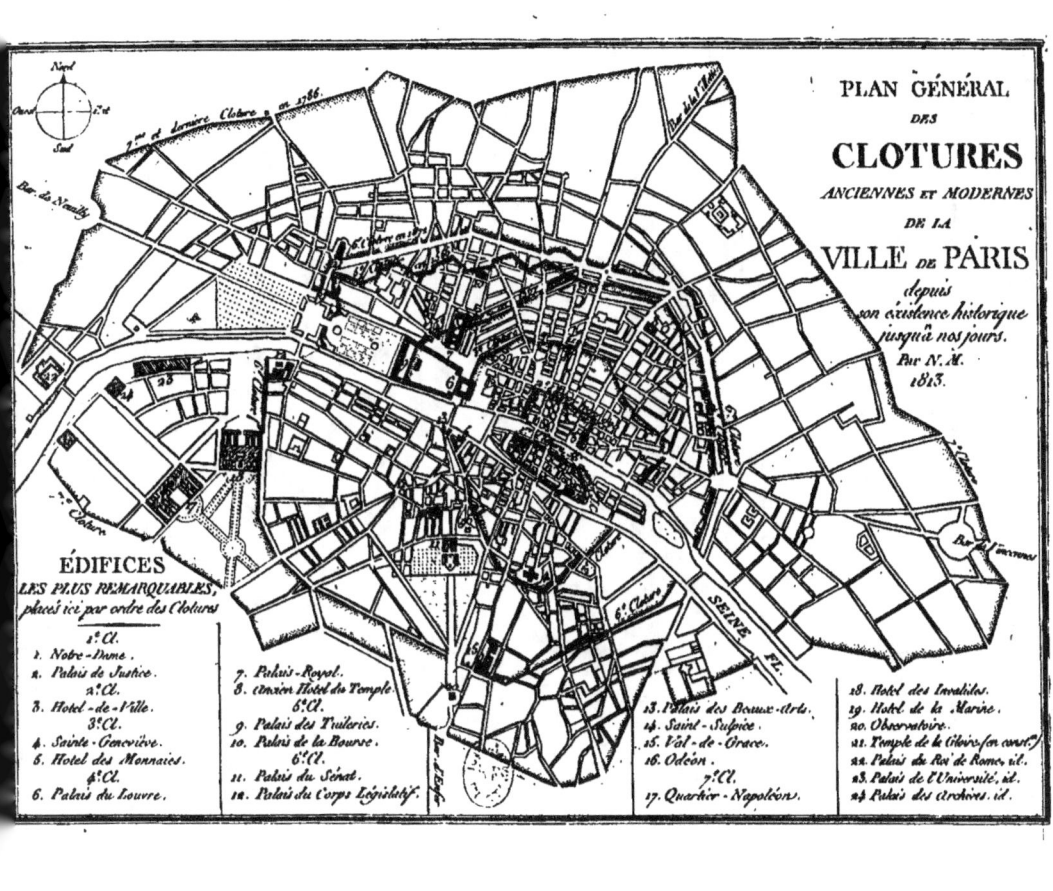

PLAN GÉNÉRAL
DES
CLOTURES
ANCIENNES ET MODERNES
DE LA
VILLE DE PARIS
depuis
son existence historique
jusqu'à nos jours.
Par N. M.
1813.

ÉDIFICES
LES PLUS REMARQUABLES,
placés ici par ordre des Clotures

1.ͤ Cl.
1. Notre-Dame.
2. Palais de Justice.
2.ͤ Cl.
3. Hotel-de-Ville.
3.ͤ Cl.
4. Sainte-Geneviève.
5. Hotel des Monnaies.
4.ͤ Cl.
6. Palais du Louvre.

7. Palais-Royal.
8. Ancien Hotel du Temple.
5.ͤ Cl.
9. Palais des Tuileries.
10. Palais de la Bourse.
6.ͤ Cl.
11. Palais du Sénat.
12. Palais du Corps Législatif.

13. Palais des Beaux-Arts.
14. Saint-Sulpice.
15. Val-de-Grace.
16. Odéon.
7.ͤ Cl.
17. Quartier-Napoléon.

18. Hotel des Invalides.
19. Hotel de la Marine.
20. Observatoire.
21. Temple de la Gloire (en const.ᵗ)
22. Palais du Roi de Rome, id.
23. Palais de l'Université, id.
24. Palais des Archives, id.

RUES.

Cette nomenclature des Rues de Paris présente quatre colonnes : la première contient la rue cherchée, avec le chiffre et la lettre de renvoi sur le plan ; la deuxième et la troisième, son tenant et son aboutissant, avec le nombre des numéros impairs et pairs placés à droite et à gauche de cette rue cherchée ; la quatrième, enfin, le numéro de l'arrondissement où elle est située. Les chiffres placés en avant de quelques noms de la première colonne, sont des chiffres de renvoi sur le plan pour les noms qui n'ont pu y être écrits. Ainsi, pour trouver une rue sur le plan, la rue de l'Abbaye, par exemple, vous cherchez planche 12, carré c, chaque planche étant sous-divisée en quatre parties indiquées en marge par les lettres a. b. c. d. ; vous trouvez qu'elle aboutit, d'un côté, à la rue de Bussy, et de l'autre à la rue Durnstein. Cette première colonne aurait peut-être suffi ; mais comme il y a des rues fort petites, telles que la rue de l'Abbaye, l'œil, en rencontrant le nom de son tenant ou de son aboutissant, trouve celle qu'il cherche plus facilement encore, et d'une manière plus précise. D'ailleurs, les tenans et aboutissans, ainsi que les deux numéros qui terminent la rue cherchée, sont d'une très grande utilité pour s'orienter, comme on va le voir. Pour bien entendre ceci, il faut avoir une idée exacte de la manière ingénieuse dont s'est opérée, en 1806, l'inscription des rues et le numérotage des maisons. Cette inscription lapidaire a été faite aux coins de toutes les rues, ruelles, culs-de-sacs, etc., sur un fond jaune, bordure bleue, en lettres rouges ou noires, en lettres rouges pour les rues qui sont parallèles à la rivière de Seine, et en lettres noires pour celles qui lui sont perpendiculaires. Les numéros des maisons portent la même couleur que la rue, les impairs d'un côté et les pairs de l'autre. Comme il y a des rues fort longues, il est essentiel, pour se diriger, de savoir à quel bout est placé le n° 1. Dans les rues parallèles à la rivière, il est toujours placé au bout le plus près des barrières de la Rapée et de la Garre, qui sont pour Paris les deux points les plus élevés de la Seine, et dans les rues perpendiculaires, il est toujours placé au bout le plus près des rives de la Seine, soit au nord, soit au midi ; c'est ce qu'indique la colonne des tenans et aboutissans, l'un donnant le commencement et l'autre la fin de chaque rue. Ainsi, par ce moyen, et à l'aide des deux derniers numéros qui présentent presque toujours le nombre de maisons contenues dans la rue cherchée, le porteur d'un numéro saura s'il doit se diriger vers le commencement, le milieu ou la fin de cette rue.

Rues.		Tenans.	Aboutissans.	Arr
Abbaye (de l').	12-c.	rue de Bussy.	rue Durnstein. 3-6.	10
Abbaye (N. de l').	12-c.	rue Durnstein.	rue Bonaparte. 13-20.	10
Aboukir (d').	7-b.	r. des P.-Carreaux.	rue st. Denis. 65-60.	5
Abreuvoir (de l').	12-d.	fondue en 1812 dans	le jardin de l'Archevêché.	9
Accacias (des).	16-a.	rue Plumet.	rue de Sèvres. 7-10.	10
Accacias (p. r. des).	16-a.	boulev. des Invalid.	place de Breteuil. 2.	10
Aguesseau (d').	6-a.	r. du Fg. st. Honor.	rue de Surène. 9-22.	1
Aiguillerie (de l').	12-b.	place Gastine.	pl. ste. Oportune. 11-21.	4
Aligre (d').	18-b.	rue de Charenton.	marché Beauveau. 5-12.	8
Alouette (du Ch. de l')	20-b.	rue de l'Oursine.	rue Croulebarbe. 1-10.	12
Alpes (des).	8-c.	rue de Bretagne.	rue du Forez. 25-18.	6
Amandiers (des).	17-b.	r. de la M. ste. Genev.	rue des Sept-Voyes. 19-20.	12
Amandiers (des).	13-b.	rue de Popincourt.	barr. des Amandiers. 43-20.	8
Amboise (d').	7-a.	rue du Richelieu.	rue Favart. 9-12.	2
Ambroise (st.).	8-d.	rue de Popincourt.	rue st. Maur. 9.	8

I

Rues.		Tenans.	Aboutissans.	Arr.
Amelot.	13-a.	place de la Bastille.	rue st. Sébastien. 1-68.	8
Anastase (st.). . .	13-a.	rue de Turenne.	rue de Torigny. 13-22 . . .	8
Anastase (N. st.). .	13-c.	rue st. Paul.	r. des Prêtr. st. Paul. 3-6 . .	9
André (st.).	14-a.	r. de la F.-Regnault.	barrière d'Aunay. 3-12. . .	8
André-des-Arts (st.)	12-c.	r. Vielle-Bouclerie.	rue de Thionville . 79-80.	11
And.-des-Ar. (du C s.)	12-c.	p. st. André-des-Ar.	rue de l'Eperon. 15-20 . .	11
Anges (des deux). .	11-b.	rue Jacob.	rue st. Benoît. 9-18	10
Angivilliers (d'). . .	7-c.	rue des Poulies.	rue de l'Oratoire. -18 . . .	4
Anglade (de l'). . .	7-c.	rue l'Evêque.	rue Traversière. 7-4. . . .	2
Anglais (des). . .	12-d.	rue Galande.	rue des Noyers. 21-16. . .	12
Anglaises (des). . .	20-a.	rue de l'Oursine.	r. du Petit-Champ. 11-20.	10
Angoulême (d'). . .	5-b.	avenue de Neuilly.	rue du Fg du Roule. 1-18.	1
Angoulême (d'). . .	8-c.	boulv. du Temple.	r. de la F. Méricourt. 21-16	6
Anjou (d').	6-a.	r. du Fg.st. Honoré.	rue de la Pépinière. 53-54.	1
Anjou (d').	8-c.	r. du Gr.-Chantier.	rue d'Orléans. 23-10 . .	7
Anjou (d').	12-c.	rue de Thionville.	rue de Nevers. 11-10 . .	10
Anne (ste.). . . .	12-c.	c. de la ste. Chapelle.	quai des Orfèvres. 11-12.	11
Antin (d').	6-b.	r. N. des P-Champs.	rue N. st. Augustin. 11-12.	2
Antoine (st.). . . .	12-b.	rue des Barres.	b. st. Antoine. 223-232 .	7-8-9
Antoine (du Fg. st.)	13-d.	place de la Bastille.	bar. de Vincennes. 337-280	8
Appolline (ste.). .	7-b.	rue st. Martin	rue st. Denis. 33-22 . . .	6
Arbalêtre (de l'). .	17-d.	r. des Charbonniers.	rue Mousfetard. 25-28. . .	12
Arbre-sec, (de l'). .	12-a.	place de l'Ecole.	rue st. Honoré. 51-68. . .	4
Arcade (de l'). . .	6-b.	r. de la Madeleine.	rue st. Lazare. 35-36. . .	1
Arche-Marion (de l')	12-a.	q. de la Mégisserie.	r. st. Germ.-l'Auxer. 1-2.	4
Arche-Pépin (de l').	12-b.	la Seine.	r. st. Germ.-l'Auxer. 3-.	4
Arcis (des)	12-b.	r. st. Jac.-la-Bouch.	rue de la Verrerie. 59-64.	6-7
Arcole (d')	7-c.	rue du Lycée.	rue de Quiberon. 15-20 . .	2
Argenteuil (d') . .	7-c.	rue des Frondeurs.	rue N. st. Roch. 55-64 . .	2
Arras (d')	17-b.	rue st. Victor.	rue Clopin. 27-20. . . .	12
Arts, (des)	7-d.	enclos de la Trinité.	près la rue Greneta. . . .	6
Assas, (d')	16-b.	r. du Cherche-Midi.	rue de Vaugirard. 5-6. . .	11
Astorg, (d')	6-a.	r. de la Ville-l'Evêq.	rue de la Pépinière. 21-12.	1
Aubry-le-Boucher. .	12-b.	rue st. Martin.	rue Saint-Denis. 57-40. . .	6
1-Audriettes, (des).	12-b.	quai de la Grève.	r. de la Mortellerie. 1- . .	9
Audriettes (des V.).	7-d.	r. du Chaume.	rue du Temple. 9-14. . . .	7
Augustin (N. st.). .	6-b.	b. des Capucines.	rue de Richelieu. 43-32. .	1-2
Augustins (des Gr.).	12-c.	quai des Augustins.	r. st. André-des-Arts. 29-30.	11
Augustins (des Pet.).	12-a.	quai Malaquais.	rue du Colombier. 21-34. . .	10
Augustins (des V.).	7-c.	rue Coquillière.	rue Montmartre. 71-66. . .	3
Aumaire.	7-d.	rue Frépillon.	rue st. Martin. 63-52. . .	6
Austerlitz (d'). . .	11-a.	quai des Invalides.	rue de Grenelle. -32 . . .	10
Aval (d')	13-d.	rue de la Roquette.	rue Amelot. 25-22. . . .	8
Aveugles (des) . .	12-c.	rue Garencière.	place st. Sulpice. -6. . . .	11
Avignon (d') . . .	12-b.	rue st. Denis.	r. de la Savonnerie. 11-10.	6
Avoie (ste.). . . .	12-b.	r. N. st. Médéric.	r. des Viel. Audriet. 73-66.	7

B

Babille	7-c.	rue des Deux-Ecus.	rue de Viarmes. 3-6. . . .	4
Babylone (de). . .	11-c.	rue du Bac.	boulev. des Invalides. 29-22.	10
Babylone (Neuve de).	11-c.	place Fontenoy.	avenue de Villars. -	10
Bac (du)	11-b.d.	quai Bonaparte.	rue de Sèves 135-142. . .	10
Bac (du Petit) . .	11-d.	rue de Sèves.	r. des Vieil.-Tuileries. 17-26.	10
Bagneux.	16-b.	r. d. Pt.-Vaugirard.	rue de Vaugirard. 11-16. .	10

Rues.		Tenans.	Aboutissans.	Arr.
Baillet	12-a.	rue de la Monnaie.	r. de l'Arbre-Sec. 9-12.	4
Bailleul	7-c.	rue de l'Arbre-Sec.	rue des Poulies. 13-18.	4
Baillif	7-c.	r. des Bons-Enfans.	r. C.-des-P.-Champs. 13-12.	4
Bailly	7-d.	rue st. Paxant.	rue Henry. 9-10.	6
Ballets (des)	13-a.	rue st. Antoine.	r. du Roi-de-Sicile. 3-8.	7
Banquier (du)	20-b.	r. du Mar. aux Chev.	rue Mouffetard. 19-8.	12
Banquier (du Petit-)	20-b.	rue du Banquier.	boulev. de l'Hôpital. 5-4.	12
Barbe (ste)	7-b.	rue Beauregard.	boulev. Bon Nouv. 13-18.	5
Barbette	13-a.	r. des Trois-Pavil.	Vieille r. du Temple. 13-16.	8
Bar-du-Bec	12-b.	rue de la Verrerie.	rue st. Médéric. 29-16.	7
Barillerie (de la)	12-c.	quai de l'Horloge.	quai des Orfévres. 41-32. 9-11	
Barouillère	16-a.	rue de Sèves.	r. du Pt.-Vaugirard. 7-10.	10
Barrés (des)	12-b.	quai de la Grève.	place Baudoyer. 17-34.	9
Barrés (des)	13-c.	rue st. Paul.	rue du Fauconnier. 23-24.	9
Basfroi (de)	13-b.	rue de Charonne.	rue de la Roquette. 41-38.	8
Batailles (des)	5-c.	à démolir en partie pour le Palais du Roi de Rome.		1
Batave	7-c.	rue de Rivoli.	rue st. Honoré. 9-12.	1
Battoir (du)	12-c.	rue Hautefeuille.	rue de l'Eperon. 21-28.	11
Battoir (du)	17-d.	rue Copeau.	rue du Puits-l'Herm. 9.	12
2-Bastille (de)	12-a.	cour de Harlay.	cour Lamoignon.	11
Beaubourg	12-b.	r. Simon-le-Franc.	rue Michel-le-Comte. 65-64.	7
Beauce (de)	8-c.	rue d'Anjou.	rue de la Corderie. 9-10.	7
Beauce (Jean-de-)	7-d.	à démolir pour la place de la Grande-Halle. -		4
Beauharnais (de)	13-b.	rue des Amandiers.	rue st. Ambroise.	8
Beaune (de)	11-b.	quai Voltaire.	rue de l'Université. 39-12.	10
Beauregard	7-b.	rue Poissonnière.	rue de Cléry. 47-64.	5
Beaurepaire	7-d.	rue des Deux-Portes.	rue Montorgueil. 31-32.	5
Beausire (Jean-)	13-c.	rue st. Antoine.	boulv. st. Antoine. 25-22.	8
Beautreillis	13-c.	rue N. st. Paul.	rue st. Antoine. 21-20.	9
Beauveau	18-b.	rue de Charenton.	marché Beauveau. -10.	8
Bellechasse	11-b.	quai Bonaparte.	rue st. Dominique. 21-28.	10
Bellechasse (Neuve)	11-b.	r. st. Dominique.	rue de Grenelle. 5-10.	10
Bellefond	8-d.	r. du Fg. Poissonn.	rue Rochechouard. 39-32.	2
3-Benoît (st.)	7-d.	rue Royale.	rue st. Vannes. 5-8.	6
Benoît (st.)	11-b.	rue Jacob.	rue Taranne. 23-36.	10
Benoît (du Cim. st.)	17-a.	rue Fromentel.	rue st. Jacques. -	12
Benoît (du Cl. st.)	12-c.	rue des Mathurins.	rue st. Jacques. 23-26.	11
Bercy (de)	18-a.	r. de la Contrescarp.	barrière de Bercy. 67-66.	8
Bercy (de)	12-b.	Vieille r. du Temple.	marché st. Jean. 13-20.	7
Bergère	7-b.	r. du Fg. Poissonn.	rue du fg. Montmartre. 23-26.	2
Bernard (st.)	13-d.	r. du F. st. Antoine.	rue de Charonne. 41-34.	8
Bernard (des Fos. st.)	17-b.	quai st. Bernard.	rue st. Victor. 47-32.	12
Bernardins (des)	12-d.	rue de la Tournelle.	rue st. Victor. 23-44.	12
Berry (de)	8-c.	rue de Poitou.	rue de Bretagne. 19-30.	7
Berry (Neuve de)	5-b.	avenue de Neuilly.	rue du Fg. du Roule. 3-8.	1
Bertin-Poirée	12-a.	r. st. Germ. l'Auxer.	rue des Bourdonnais. 15-24.	4
Béthisy	12-a.	r. des Bourdonnais.	rue du Roule. 21-30.	4
Beurrière	11-d.	rue du Four.	rue du V.-Colombier. 21-8.	11
Bibliothèque (de la)	7-c.	place Marengo.	rue st. Honoré. 23-16.	4
Bienfaisance (de la)	2-c.	rue du Rocher.	les Champs. 15-14.	1
Bièvre (de)	12-d.	r. de la Tournelle.	rue st. Victor. 41-40.	12
Billettes (des)	12-b.	rue de la Verrerie.	r. ste. Cr.-de-la-Bret. 21-22.	7
Biron (de)	20-a.	rue de la Santé.	rue du Fg. st. Jacques. 1-	12
Blanche	2-b.	rue st. Lazare.	Barrière-Blanche. 33-30.	2
Blanche de Castille	13-c.	quai de Béthune.	quai d'Orléans. 79-104.	9
Blanchisseuses (des)	5-d.	quai de Billy.	rue de Chaillot. 5-10.	1

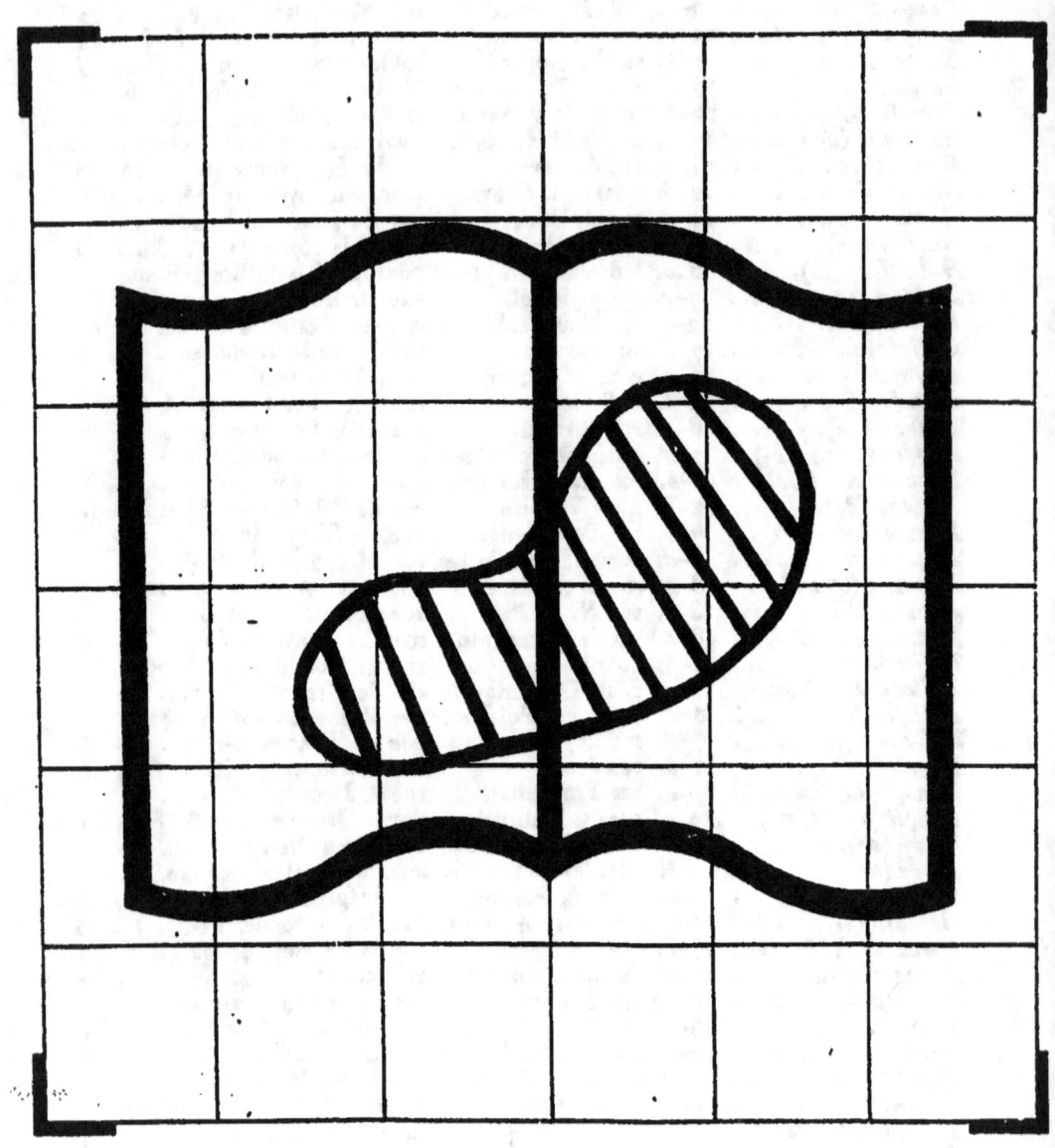

Rues.		Tenans.	Aboutissans.	Arr.
Blancs-Mant. (des).	12-b.	Vieille r. du Temple.	rue ste. Avoie. 43-46.	7
Bleue.	3-c.	r. du Fg. Poissonn.	rue Cadet. 27-18.	2
Bonaparte.	11-d.	rue du Colombier.	pl. st. Germ.-des-Prés. 9-10.	10
Bondy (de).	8-a.	r. du Fg. du Temple.	rue du Fg. st. Mart. 25-72.	5
Bons-Enfans (des).	7-c.	rue st. Honoré.	rue Baillif. 33-36.	2-5
Bons-Enfans (N. des).	7-c.	rue Baillif.	r. N. des P.–Champs. 37-4.	2-4
Bon. (st.).	12-b.	r. Jean-Pain-Molet.	rue de la Verrerie. 13-16.	7
Bordet.	17-b.	r. de la M. ste. Genev.	rue de Fourcy. 53-32.	12
Bornes (des Trois-).	8-d.	r. de la F. Méricourt.	rue st. Maur. 35-30.	6
Bossuet (de).	12-d.	quai Napoléon.	rue Chanoinesse. 1-2.	9
Boucher.	12-a.	rue de la Monnaie.	rue Thibautodé. 11-16.	4
Boucherat.	8-c.	r. des Filles du Calv.	rue Charlot. 25-34.	6
Boucherie (de la).	5-d.	quai des Invalides.	rue st. Dominique. 31-20.	10
Boucheries (des).	12-c.	carref. de l'Odéon.	rue de Bussy. 65-64.	11-10
Boucheries (des).	7-c.	rue st. Honoré.	rue de Richelieu. 19-12.	2
Bouclerie (de la Vi.).	12-c.	r. st. And. des Arts.	rue st. Séverin. 23-24.	11
Boudreau.	6-b.	rue Trudon.	rue Caumartin. 5-4.	1
Boulangers (des).	17-b.	rue st. Victor.	r. des Foss. st. Victor. 23-38.	12
Boules (des Deux-).	12-b.	rue des Lavandières	rue Bertin-Poirée. 13-14.	4
Boulets (des).	14-c.	rue de Montreuil.	rue de Charonne. 29-40.	8
Bouloy (du).	7-c.	r. C. des Pts. Cham.	rue Coquillière. 29-26.	4
Bourbe (de la).	17-c.	r. du Fg. st. Jacques.	rue d'Enfer. 5-12.	12
Bourbon (du Petit-).	12-a.	Voyez pl. Jéna, depuis l'inscrip. des r. de 1806.		4
Bourbon (du Petit-).	12-c.	Voyez r. du Petit-Lion, depuis l'année 1792.		11
Bourbon-Villeneuve.	7-b.	Voyez r. d'Aboukir, depuis l'inscrip. de 1806.		5
Bourdaloue.	12-d.	fondue en 1812 dans le jardin de l'Archevêché.		9
Bourdonnais (des).	12-a.	rue Béthizy.	rue st. Honoré. 15-16.	4
Bourdonnaye (de la).	10-d.	av. de Lamotte-P.	avenue de Lowendal. 1-3.	10
Bourgeois (des Fr.-).	13-a.	rue Payenne.	Vieille r. du Temp. 25-24.	7-8
Bourgeois (des Fr.-).	20-b.	rue des Foss. st. M.	pl. de la Collégiale. 11-14.	12
Bourgeois (des Fr.)	17-a.	rue de Vaugirard.	place st. Michel. 15-16.	11
Bourg-l'Abbé.	7-d.	rue aux Ours.	rue Grenetat. 43-56.	6
Bourgogne (de).	6-c.	quai Bonaparte.	rue de Varennes. 45-46.	10
Bourtibourg.	12-b.	marché st. Jean.	r. ste. Cr. de la Bret. 27-30.	7
Bourguignons (des).	20-b.	rue de l'Oursine.	rue des Capucins. 39-30.	12
Bout-du-Monde (du)	7-c.	Voyez r. du Cadran, depuis l'inscrip. de 1806.		3
Boutebrie.	12-c.	r. de la Parcheminer.	rue du Foin. 7-20.	11
Boyauterie (de la).	4-a.	Barrièr. du Combat.	r. du Fg. st. Martin. 11-26.	5
Braque (de).	12-b.	rue du Chaume.	rue ste. Avoie. 11-14.	7
Brave (du).	12-c.	r. des Quatre-Vents.	rue du Petit-Lion. 5-6.	11
Bretagne (de).	8-c.	Vieil. r. du Temple.	rue de Beauce. 45-60.	7-6
Bretagne (n. de).	8-c.	b. des F. du Calvaire.	rue de Turenne. 13-6.	8
4-Breteuil (de).	7-d.	rue Royale.	place st. Vannes. 11-8.	6
Bretonvilliers.	13-c.	quai de Béthune.	rue Blanche de Castille. 5-6.	9
Brisemiche.	12-b.	rue du cl. st. Merry.	rue Neuve st. Médéric. 3-14.	7
Brodeurs (des).	11-c.	rue de Babylone.	rue de Sèvres. 19-28.	10
Bûcherie (de la).	12-d.	place Maubert.	rue du Petit-Pont. 41-22.	12
Buffault (de).	3-c.	r. du Fg. Montmartz.	rue Coquenard. 25-24.	2
Buffon (de).	18-c.	boul. de l'Hôpital.	r. du Jard. des Plantes. 23-	12
Buisson st. Louis (du)	8-b.	rue st. Maur.	b. de la Chopinette. 11-22.	5
Bussy (de).	12-c.	rue Mazarine.	rue ste. Marguerite. 45-44.	10
Buttes (des).	19-a.	rue de Reuilly.	rue de Picpus. 5-6.	8

Rues.		Tenans.	Aboutissans.	Arr.

C

Cadet.	3-e.	r. du Fg. Montmart.	rue Montholon. 19-40.	2
Cadran (du).	7-d.	r. des Pet. Carreaux.	rue Montmartre. 45-50.	3
Caire (du).	7-b.	rue st. Denis.	place du Caire. 35-36.	5
Calandre (de la).	12-d.	r. du Marché-Palu.	rue de la Barillerie. 55-54.	9
Calvaire (des F. du).	8-c.	rue de Turenne.	boulev. du Temple. 29-18.	6-8
Canettes (des).	12-c.	rue du Four.	place st. Sulpice. 27-34.	11
Canettes (des Trois-).	12-d.	r. st. Christophe.	rue de la Licorne. 17-4.	9
Canivet (du).	12-c.	rue Servandoni.	rue Férou. 3-6.	11
Capucins (des).	17-c.	pl. du Ch. des Capu.	rue du Fg. st. Jacques. —	12
Capucins (N. des).	2-d.	Voyez rue Joubert, depuis l'an 1800.		11
Capucines (N. des).	6-b.	rue Napoléon.	boulev. de la Madel. 17-14.	1
Cardinale.	12-c.	Voy. r. de Gunzbourg, depuis l'an 1806.		10
Carême-Prenant (du).	8-a.	r. du Fg. du Temple.	r. de l'hosp. st. Louis. 21-22.	5
Cargaisons (des).	12-d.	r. du Marché-Neuf.	rue de la Calandre. —	9
Carmes (des).	17-b.	rue des Noyers.	rue st. Hilaire. 27-38.	12
5-Caron	13-a.	mar. ste. Catherine.	rue de Jarente. 1-2.	8
Carpentier.	11-d.	rue du Gindre.	rue Cassette. 11-8.	11
Carreau (du Petit-).	7-d.	rue du Cadran.	rue de Cléry. 49-50.	3-5
Carrières (des).	5-c.	Voy. r. des Champs, depuis l'inscrip. de 1806.		1
Cassette	11-d.	r. du V. Colombier.	rue de Vaugirard. 37-38.	11
Cassini (de).	20-a.	r. du Fg. st. Jacques.	rue d'Enfer. 1-8.	12
Castex	13-c.	rue de la Cerisaye.	rue st. Antoine. —	9
Castiglione (de).	6-d.	rue st. Honoré.	rue de Rivoli. —	1
Catherine (ste).	17-a.	rue st. Thomas.	rue st. Dominique. 1-6.	11
Catherine (Cult. ste.)	17-a.	r. st. Antoine.	r. du Parc-Royal. 87-62.	7-8
Catherine (N. ste.)	13-a.	r. de Turenne.	rue Payenne. 23-18.	8
Caumartin.	6-b.	r. Basse du Rempart.	rue N. des Mathurins. 45-34.	1
Cendrier (du)	17-d.	r. du Mar. aux Chev.	rue des Fos. st. Marcel. 31-2.	12
Censier.	17-d.	r. du J. de Plantes.	rue Mouffetard. 45-20.	12
Cerisaie (de la).	13-c.	rue Lesdiguières.	rue du Petit-Musc. 37-16.	9
Cerisaie (N. de la).	13-c.	boulev. Bourdon.	rue Lesdiguières. -2.	9
Cérutti.	7-a.	boulev. des Italiens.	rue de Provence. 13-40.	2
Chabannais.	7-a.	r. N. des P. Champs.	rue Helvétius. 15-18.	2
Chaillot (de).	5-b.	rue de Longchamp.	avenue de Neuilly. 109-80.	1
Chaise (de la).	11-d.	rue de Grenelle.	rue de Sèves. 11-28.	10
Champ-Fleuri (du).	7-c.	Voyez r. de la Bibliothèque, depuis l'an 1806.		1
Champ (du Petit-).	20-a.	r. du C. de l'Alouett.	rue de la Glacière. 3-	12
Champs (des).	5-c.	r. de Longchamp.	les Champs. 7-10.	1
Champs-Elysées (des)	6-a.	pl. de la Concorde.	rue du Fg. st. Honoré. 9-8.	1
Champs (des Petits-).	7-d.	rue Beaubourg.	rue st. Martin. 25-12.	7
Champs (Croix des P.-)	7-c.	rue st. Honoré.	place des Victoires. 55-54.	3-4
Champs (N. des P.-).	7-c.	r. N. des B.-Enfans.	rue Napoléon. 103-80.	1-2-3
Chandeliers (des 3).	12-c.	rue de la Huchette.	quai Montebello. —	11
Chandelles (des 3).	19-c.	rue Montgallet.	rue des quatre Chemins. —	8
Chanoinesse.	12-d.	rue de Bossuet.	rue de la Colombe. 11-22.	9
Chantereine.	3-c.	Voyez rue de la Victoire, depuis l'an 1799.		2
Chantier (du Grand-).	8-c.	r. des V. Audriettes.	rue Pastourelle. 7-18.	7
Chantre (du).	7-c.	rue de Rivoli.	rue st. Honoré. 11-12.	4
Chantres (des).	12-d.	quai Napoléon.	rue Chanoinesse. 1-	9
Chanvrerie (de la).	7-d.	rue st. Denis.	rue Mondétour. 27-28.	4-5
Chapelle (de la).	4-a.	r. Chât.-Landon.	bar. des Vertus. 17-12.	5

Rues.		Tenans.	Aboutissans.	Arr.
Chapon	7-d.	rue du Temple.	rue Transnonain. 23-35.	7-6
Charbonniers (des).	18-b.	rue de Bercy.	rue de Charenton. 17-	8
Charbonniers (des).	17-c.	rue des Lyonnais.	r. des Bourguignons. 13-22.	8
Charenton (de).	13-d.	r. du Fg. st. Antoine.	barr. de Marengo. 187-198.	8
6-Charité (de la).	4-c.	rue st. Laurent.	place de la Fidélité. 1-2.	5
Charlot.	8-c.	rue de Bretagne.	boulev. du Temple. 47-26.	6
Cheronne (de).	13-d.	r. du Fg st. Antoine.	b. de Fontarabie. 203-184.	8
Chartière.	17-b.	rue st. Hilaire.	rue de Rheims. 11-14.	12
7-Chat-qui-Pêche (du)	12-d.	r. de la Huchette.	quai de Montebello. -	11
Chât.-Frileux (du)	12-d.	Voyez rue Frileuse, depuis l'inscrip. de 1806.		9
Château-Landon	4-a.	r. du Fg. st. Martin.	barrière des Vertus. 21-22.	5
Chauchat	3-c.	rue de Provence.	rue de la Victoire. 7-10.	2
Chaudron (du)	4-a.	r. du Fg. st. Martin.	r. Château-Landon. 3-8.	5
Chaume (du).	12-b.	r. des Bl.-Manteaux.	rue des Quatre-Fils. 25-14.	7
Chemin-Vert (du).	13-b.	rue Amelot.	rue Popincourt. 39-16.	8
Chenet (du Gros-).	7-b.	rue de Cléry.	rue des Jeûneurs. 25-10.	3
Cherche-Midi (du).	11-d.	r. du V.-Colombier.	rue du Regard. 39-40.	11-10
Cheval-Vert (du).	17-b.	Voyez rue des Irlandais, depuis l'an 1806.		12
Chevalier-du-Guet (du)	12-b.	r. des Lavandières.	pl. du Ch.-du-Guet. 7-12.	4
Chevaux (du M. aux)	17-d.	rue Poliveau.	boulev. de l'Hôpital. 17-24.	12
Chevert.	10-b.	av. de Lam.-Piquet.	avenue de Tourville. 11-16.	10
Chevert (Pet. r.).	10-b.	rue Chevert.	aven. de L.-Piquet. 3-2.	10
Chevreuse.	16-d.	b. du Mt.-Parnasse.	rue N. D. des Champs. 3-6.	11
Chiens (des)	17-a.	Voyez r. Jean-Hubert, depuis l'an 1806.		12
Childebert.	11-d.	rue d'Erfurth.	rue ste. Marthe. 13-10.	10
Chilpéric.	12-a.	r. de l'Arbre-Sec.	pl. st. Germ. l'Aux. 1-18.	4
Choiseul (de).	7-a.	rue N. st. Augustin.	boulev. des Italiens. 23-12.	2
Cholets (des).	17-a.	rue de Rheims.	r. st. Et.-des-Grès. 1-2.	12
Chopinette (du C. de la)	4-d.	r. st. Maur.	barr. de la Chopin. 5-12.	5
Christine.	12-c.	r. des Gr.-Augustins.	rue de Thionville. 11-12.	11
Christophe (st.).	12-d.	rue de la Juiverie.	place du parvis N.-D. 7-18.	9
Cisalpine.	2-a.	rue de Courcelles.	rue du Rocher. 19-30.	1
Ciseaux (des).	12-c.	rue ste. Marguerite.	rue du Four. 11-10.	10
Claude (st.).	7-b.	rue ste. Foy.	rue de Cléry. 5-10.	5
Claude (st.).	13-a.	boulev. st. Antoine.	rue de Tureune. 13-20.	8
Clef (de la).	17-d.	rue d'Orléans.	rue Copeau. 29-14.	12
Cléry (de).	7-b.	rue Montmartre.	boul. B.-Nouvelle. 97-106.	3-5
Clichy (de).	2-d.	rue st. Lazare.	barr. de Clichy. 55-54.	1-2
Cloche-Perce.	12-b.	rue st. Antoine.	r. du Roi-de-Sicile. 15-18.	7
Clopin.	17-b.	r. des Foss. s. Victor.	rue d'Arras. 9-12.	12
Clotilde (de).	17-b.	rue de Clovis.	rue Vieille-Estrapade. -	12
Clovis (de).	17-b.	rue Bordet.	rue de Clotilde. 3-12.	12
Cluny (de).	17-a.	place Sorbonne.	rue des Grès. 3-4.	11
8-Cocatrix.	12-d.	r. st. P.-aux-Bœufs.	r. des Tr.-Canettes. 11-16.	9
Cœur-Volant (du).	12-c.	rue des Boucheries.	rue des Quatre-Vents. 11-22.	11
Cœur-Volant (du).	5-c.	rue de Chaillot.	les Champs. -	1
Colbert.	7-a.	rue Vivienne.	rue de Richelieu. 3-6.	2
Colysée (du).	5-b.	avenue de Neuilly.	rue du Fg. st. Honoré. -	1
Colombe (de la).	12-d.	quai Napoléon.	rue des Marmouzets. -10.	9
Colombier (du).	12-c.	rue de Seine.	rue Bonaparte. 29-32.	10
Colombier (N. du).	13-c.	rue st. Antoine.	rue d'Ormesson. 5-4.	8
Colombier (du Vieux).	11-d.	place st. Sulpice.	r. du Ch.-Midi. 33-36.	11
Colonnes (des).	7-a.	rue Feydeau.	r. des F. st. Thomas. 13-12.	2
Comète (de la).	10-b.	rue st. Dominique.	rue de Grenelle. 17-16.	10
9-Commerce (du).	7-d.	enclos de la Trinité.	près la rue Grénetat. -	6
Concorde (de la).	6-b.	pl. de la Concorde.	rue st. Honoré. 17-12.	1

Rues.		Tenans.	Aboutissans.	Arr.
Condé (de)	12-c.	carref. de l'Odéon	rue de Vaugirard. 21-34	11
Contrat-Social (du)	7-c.	à démolir en partie	pour la Grande-Halle. –	3
Contrescarpe	12-c.	rue de Thionville.	r. st. André-des-Arts. 9-12	11
Contrescarpe	17-b.	rue Mouffetard.	r. N. ste. Geneviève. 25-12	12
Contrescarpe (de la)	13-c.	à démolir pour le canal de la Bastille.		9
Convention (de la)	6-d.	rue de Rivoli.	rue st Honoré. 15-14	1
Copeau	17-b.	rue st. Victor.	rue Mouffetard. 57-34	12
Coq (du)	7-c.	place de Marengo.	rue st. Honoré. 15-10	4
Coq (du)	12-b.	r. de la Tixeranderie.	rue de la Verrerie. 7-12	7
Coqhéron	7-c.	rue Coquillière.	rue Pagevin. 13-18	3
Coquenard	3-c.	r. de Rochechouard.	r. du Fg. Montmartre. 35-60	2
Coquillière	7-c.	rue du Four.	r. Cr. des P.-Champs. 47-48	3
Coquilles (des)	12-b.	r. de la Tixeranderie.	rue de la Verrerie. 9-4	7
Cordeliers (des)	12-c.	Voyez r. de l'Ecole de Médecine, depuis 1790		11
Corderie (de la)	8-c.	rue de Beauce.	rue du Temple. 23-	6-7
Corderie (de la)	6-b.	rue Neuvest. Roch.	marché des Jacobins. 3-	2
Cordiers (des)	17-a.	rue st. Jacques.	rue de Cluny. 23-14	11
Cordonnerie (de la)	7-d.	à démolir pour la pl. de Grande-Halle. –		4
Corneille (de)	12-c.	place de l'Odéon.	rue de Vaugirard, 5-	11
Cornes (des)	20-b.	rue du Banquier.	r. des Fossés st. Marcel. –	12
Corroierie (de la)	12-b.	rue Beaubourg.	rue st. Martin. 19-28	7
Cossonnerie (de la)	7-d.	à élargir pour la la place de la Grande-Halle.		4
Cotte (de)	13-d.	marché Beauveau.	rue st. Antoine. 21-16	8
Courcelles (de)	1-d.	r. de la Pépinière.	rue de Monceaux. 29-16	1
Couronnes (des)	8-b.	rue st. Maur.	b. des 3 Couronnes. 29-42	6
Couronnes (des 3)	20-b.	r. Mouffetard,	rue st. Hypolite. –	12
Courtalon	12-b.	r. st. Denis.	place ste. Opportune? 1-2	4
Courty	6-c.	rue de Lille,	rue de l'Université. 7-8	10
Coutellerie (de la)	12-b.	r. Jean-de-l'Epine.	rue de la Vannerie. 27-26	7
Crébillon (de)	12-c.	rue de Condé.	place de l'Odéon. 7-	11
Croissant (du)	7-a.	r. du Gros-Chenet.	rue Montmartre. 13-24	3
Croix (ste.)	12-b.	r. Gervais-Laurent.	r. de la V.-Draperie. 6-6.	9
Croix (ste.)	2-d.	rue st. Nicolas.	rue s. Lazare. 19-22.	1
Croix (de la)	8-a.	rue Phelippeaux.	r. Neuve-st.-Laurent. -26.	6
Croix-Blanche (de la)	12-b.	Vieil. r. du Temple.	rue Bourtibourg. 7-4.	7
Croix Boissière (de la)	5-c.	rue des Champs.	les Champs. 13-	1
Croix de la Bret. (ste)	12-b.	Vieille r. du Temple.	rue ste. Avoie. 53-62.	7
Croix-des-P.-Champs	7-c.	rue st. Honoré.	place des Victoires. 55-54.	3-4
Croulebarbe (de)	20-b.	rue Mouffetard.	b. des Gobelins. 23-38.	12
16-Crucifix (du Petit)	12-b.	r. st. J. la Boucherie.	place idem. 7-6.	6
Crussol (de)	8-d.	r. des F. du Temple,	r. de la F. Méricourt. 17-16.	6
Cygne (du)	7-d.	rue st Denis.	rue Mondétour. 25-28.	5

D

Danielle	7-b.	cour des Miracles.	rue d'Aboukir. 5-6.	5
Dauphine	12-a.	Voyez r. de Thionville depuis l'an 1792.		10-11
Déchargeurs (des)	12-b.	r. des Mauv.-Parol.	r. de la Ferronnerie. 19-20.	4
Degrés (des)	7-b.	rue Beauregard.	rue de Cléry.	5
Degrés (des Grands)	12-d.	rue de Bièvre.	place Maubert. 15-24.	12
Demi-Saint (du)	12-a.	rue Chilpéric.	r. des Fos. st. Ger. l'Aux. –	4
Denis (st.)	12-b.	place du Châtelet.	boul. st. Denis. 395-408.	4-5
Denis (st)	14-c.	r. du Fg. st. Antoine.	rue de Montreuil. 1-8.	8
Denis (du Fg. st.)	7-b.	porte st. Denis.	barr. de st. Denis. 193-214.	3
Denis (Neuve st.-)	7-b.	rue st. Martin.	rue st. Denis. 29-42.	6

Rues.		Tenans.	Aboutissans.	Arr.
Denis(Bas. porte st.)	7–b.	r. du Fg. st. Denis.	rue Hauteville. –30	3
Dereillé	20–b.	r. du Chant-de-l'Al.	rue des Filles–Anglaises. –	12
Desaix	10–c.	aven. de Suffren.	barr. de Grenelle. 5-6. . .	10
Diamans (des 5). . .	12–b.	rue des Lombards.	r. Aubry-le–Bouch. 29-28.	6
Dominique (st.) . .	11–d.	r. des Sts.–Pères.	espl. des Invalides. 111-108.	10
Dominique (st.) . .	11–a.	esplan. des Invalid.	avenue la Bourd. 81-96. .	10
Dominique (st.) . .	17–a.	rue st. Jacques.	rue d'Enfer. 23-20. .	11-12
Dorée	13–a.	rue de Turenne.'	rue st. Gervais. 11-10. .	8
Doyenné (du)	12–a.	démolie pour la réunion du Louvre aux Tuileries.		1
Dragon (du)	11–d.	rue Taranne.	rue de Grenelle. 37-44. . .	10
Draperie (de la V.)	12–d.	rue de la Juiverie.	pl. du Pal. de Just. 33-32. .	9
Droits de l'Ho. (des)	13–a.	*Voyez* rue du Roi-de-Sicile, depuis 1806		7
Dugay-Trouin. . .	16–b.	rue de Fleurus.	rue Madame. 3-8. . . .	11
Duphot	6–b.	rue st. Honoré.	b. de la Madeleine. 11-12.	1
Dupont	5–c.	r. Basse st. Pierre.	rue de Chaillot. 5-6. . .	1
Duras (de)	6–a.	r. du Fg. st. Honoré.	rue du Marché. 9-10 . .	1
Durnstein (de)	12–c.	rue de Seine.	r. ste. Marguerite. 29-26 .	10
Dupleix	10–c.	avenue de Suffren.	barr. de Grenelle. 7-10. . .	10

E

Echarpe (de l') . . .	13–a.	place des Vosges.	rue de l'Egout. 1-4.	8
11-Echaudé (de l') .	8–c.	rue de Poitou.	Vieille rue du Temple. 1-2.	7
Echelle (de l') . . .	6–d.	r. de Rivoli.	rue st. Honoré. 13-8. . .	1
Echiquier (de l') . .	7–b.	r. du Fg. st. Denis.	rue du Fg. Poissonn. 41-48.	3
Ecosse (d')	17–c.	rue st. Hilaire.	rue du Four. 7-8. . . .	12
Ecouffes (des) . . .	13–a.	r. du Roi-de-Sicile.	rue des Rosiers. 29-28. .	7
Ecrivains (des) . . .	12–b.	rue des Arcis.	r. de la Vieille–Monn. 7-30.	6
Ecuries (des Petites)	3–d.	r. du Fg. st. Denis.	rue du Fg. Poissonn. 55-52.	3
Ecus (des deux). . .	7–c.	à démolir en partie pour la Grande-Halle. 7-10.		3
Eglise (de l') . . .	10–b.	r. st. Dominique.	rue de Grenelle. 11-6. . .	10
Eglises (des 2) . . .	17–a.	rue st. Jacques.	rue d'Enfer. 1-10. . . .	12
Egout (de l')	11–d.	r. ste. Marguerite.	rue du Four. 1-10. . . .	10
Egout (de l')	13–a.	rue st. Antoine.	r. N. ste. Catherine. 23–18 .	8
Eloy (st.)	12–d.	r. de la V.-Draperie.	rue de la Calandre. 29-28.'.	9
Enfans-Rouges (des)	8–c.	rue Pastourelle.	rue Portefoin. 13-10. . . .	7
Enfer (d')	17–a.	place st. Michel.	barr. d'Enfer. 109-104.	11-12
Epée-de-Bois (de l').	17–d.	rue Gracieuse.	rue Mouffetard. 9-6. . .	12
Eperon (de l') . . .	12–c.	r. st. And.-des-Arts.	rue du Jardinet. 11-10. .	11
Epine (J. de l') . . .	12–b.	pl. de l'Hôt.-de-Vil.	r. de la Coutellerie. 23-22.	7
Erfurth (d')	12–c.	rue Childebert.	r. ste. Marguerite. 5-6. .	10
Errancis (d')	2–a.	*Voyez* r. du Rocher, depuis l'inscrip. de 1806. . .		1
Essai (de l')	18–c.	boulev. de l'Hôpital.	rue Poliveau. –14. . . .	12
Est (de l')	17–c.	rue d'Enfer.	boul. du Mt –Parn. – .	11-12
Estrapade (de la Vi.)	17–b.	rue de Fourcy.	place de l'Estrapade. 29-4.	12
Etienne.	12–a.	rue Boucher.	rue Béthizy. 7-6	4
Etienne (Neuve st.)	17–b.	rue Copeau.	rue Contrescarpe. 33-20. .	12
Etienne (Neuve st.)	7–b.	rue Beauregard.	boulev. B.-Nouvelle. 17-18.	5
Etienne-des-Grès (st.)	17–a.	place du Panthéon.	rue st. Jacques. 11-16. .	12
Etoile (de l')	13–c.	quai des Ormes.	rue des Barrés. 3-6. . . .	9
Etuves (des Vieilles)	7–c.	rue st. Honoré.	rue des Deux-Ecus. 13-16.	4
Etuves (des Vieilles)	7–d.	rue Beaubourg.	rue st. Martin. 19-16. . . .	7
Eustache (N. st.). .	7–b.	rue Montmartre.	rue du Petit-Carreau. 45-56.	3
Evêché (de l') . . .	12–d.	pont aux Doubles.	pl. du Parvis N.-D. – . .	9
Evêque (l')	7–c.	rue des Frondeurs.	rue des Orties. 25-20. . .	2

Rues.		Tenans.	Aboutissans.	Arr.

F

Rues.		Tenans.	Aboutissans.	Arr.
Fauconnier (du)	13-c.	rue des Barrés.	r. des Prêtres st. Paul. 13-2.	9
Favart.	7-a.	rue Grétry.	boulev. des Italiens. 3-12.	2
Femme S. Tête (de la)	12-d.	r. Blan.-de-Castille.	quai d'Alençon. 3-8.	9
Fer-à-Moulin	17-d.	r. du J. des Plantes.	rue Mouffetard. 5 38.	12
Ferdinand.	8-b.	r. des Trois-Couron.	rue de l'Orillon. 27-12.	6
Féronnerie (de la)	12-b.	rue st. Denis.	rue de la Lingerie. 39-14.	4
Férou	12-c.	place s. Sulpice.	rue de Vaugirard. 19-30.	11
Fers (aux)	7-d.	Voyez pl. du marché des Innocens, depuis 1806.		4
Feuillade (de la)	7-c.	place des Victoires.	rue de la Vrillère. 5-8.	3-4
Feuillantines (des).	17-c.	rue n'Ulm.	rue st. Jacques. -14.	12
Fèves (aux)	12-d.	r. de la V.-Draperie.	rue de la Calandre. 25-20.	9
Feydeau.	7-a.	rue Montmartre.	rue de Richelieu. 25-34.	2
Fiacre (st.)	7-b.	rue des Jeûneurs.	boulev. Poissonnière. 9-16.	3
Fidélité (de la)	3-d.	r. du Fg. st. Martin.	r. du Fg. st. Denis. 13-26.	5
Figuier (du)	13-c.	r. des Prêtres st. Paul.	17-24.	9
Fils (des Quatre-)	13-a.	r. du Gr.-Chantier.	r. Vieil. du Temple. 23-22.	7
Filles-Dieu (des)	7-b.	rue st. Denis.	rue d'Aboukir. 37-22.	5
12-Finet (Simon)	12-b.	r. de la Tannerie.	la rivière.	7
Fleurus (de)	16-b.	rue Madame.	r. N. D. des Champs. 21-22.	11
Florentin (st.)	6-b.	rue de Rivoli.	rue st-Honoré. 17-16.	1
Foin (du)	12-c.	rue st. Jacques.	rue de la Harpe. 27-30.	11
Foin (du)	13-a.	r. de la Chaussée.	rue de Turenne. 5-8.	8
Fontaine.	8-b.	r. de la F. Méricourt.	rue st. Maur. 53-56.	6
Fontaine (de la).	17-d.	rue d'Orléans.	r. du Puits-l'Ermite. 9-2.	12
Fontaine (de la).	7-a.	Voyez rue du Port-Mahon, depuis l'insc. de 1806		2
Fontaines (des)	8-c.	rue du Temple.	rue de la Croix. 27-16.	6
Forez (du).	8-c.	rue Charlot.	rue des Alpes. -12.	6
Forges (des).	7-b.	rue Damiette.	pl. du Caire. 1-4.	5
Fossoyeurs (des).	12-c.	Voyez rue Servandoni, depuis l'an 1809.		11
Fouarre (du).	12-d.	rue de la Bûcherie.	rue Galande. 19-18.	12
Four (du).	12-c.	rue de Bussi.	r. du V. Colomb. 81-92. 10-11	
Four (du).	7-c.	à démolir en partie pour la Grande-Halle. -		3
Four (du).	17-b.	r. des Sept-Voies.	rue d'Ecosse. 7-8.	12
Fourcy (de)	13-c.	rue de Jouy.	rue st. Antoine. 5-18.	9
Fourcy (de)	17-b.	rue Bordet.	r. V. Estrapade. 11-4.	12
Fourneaux (des).	16-a.	rue de Vaugirard.	barr. des Fourneaux. 25-26.	11
Fourreurs (des).	12-b.	rue des Lavandières.	r. des Déchargeurs. 19-22.	4
Foy (ste.).	7-b.	r. des Filles-Dieu.	rue st. Denis. 31-30.	5
François (N. st.)	8-c.	rue de Turenne.	r. V. du Temple. 11-18.	8
Françoise	7-d.	rue Mauconseil.	rue Pavée. 11-14.	5
Françoise	17-d.	Voyez rue du Puits-l'Ermite. -		12
Fréjus (de)	11-c.	rue de Babylone.	rue Plumet. 15-14.	10
Frépillon	7-d.	rue au Maire.	rue Phelippeaux. 19-26.	6
Frères (des Trois.)	3-c.	rue de la Victoire.	rue st. Lazare. 25-10.	2
13-Frilleuse.	12-d.	quai de la Grève.	rue de la Mortellerie -	9
Friperie (de la Gr-)	7-d.	à démolir pour la pl. de la Grande-Halle. -		4
Friperie (de la P.-)	7-d.	à démolir pour la place de Grande-Halle. -		4
Froidmanteau	7-c.	à démolir en partie p. la réun. du Louv. aux Tuil.		4
Fromagerie (de la).	7-d.	à démolir pour la pl. de la Grande-Halle. -		4
14-Fromentel.	17-b.	rue Chartière.	rue du Cim. st. Benoît. -6.	12
Fronde (de la) proj.	18-b.	rue de Charenton.	rue st. Antoine.	8
Frondeurs (des)	7-c.	rue st. Honoré.	rue de l'Anglade. 7-6.	2
15-Fuseaux (des)	12-a.	q. de la Mégisserie.	rue st. Germ.-l'Auxerr.	4
Furstemberg	12-c.	Voyez rue de Wertinghen, depuis 1806		10

Rues.		Tenans.	Aboutissans.	Arr.

G

Rues.		Tenans.	Aboutissans.	Arr.
Gaillon.	6-b.	r. N. des P. Champs.	r. N. st. Augustin. 25-22.	2
Galande.	12-d.	place Maubert.	rue st. Jacques. 79-60 . . .	12
Garencière.	12-c.	rue du Petit-Lion.	rue de Vaugirard. 19-12 . .	11
Garçons (des M.) . .	12-c.	rue de Bussi.	rue des Boucheries. 21-18.	10
Garçous (des M.) . .	12-b.	r. de la Tixeranderie.	rue de la Verrerie. 13-26 .	7
Garnisons (des V.). .	12-b.	place du Sanhédrin.	rue de la Tixeranderie. 7-22	7
Gasté.	5-c.	r. Basse-st.-Pierre.	rue de Chaillot.	1
Genevière (ste). . . .	5-b.	rue de Chaillot.	les Champs. 1-2	1
Genevière (N. ste.). .	17-b.	rue de Fourcy.	rue des Postes. 29-30. . .	12
Genev. (de la M. ste.).	17-b.	rue des Noyers.	rue des Prêtres. 87-86 . .	12
Gentilly (du Pet.). .	12-b.	rue Moufetard.	boulev. des Gobelins. 1-14.	12
Geoffroy-l'Angevin. .	12-b.	rue ste. Avoye.	rue Beaubourg. 23-34. . .	7
Geoffroy-l'Asnier. . .	12-d.	quai de la Grève.	rue st. Antoine. 35-44 . .	9
Georgeau (du Clos-).	7-c.	rue Traversière.	rue Helvétius. 7-6	2
Georges (st.). . . .	3-c.	rue de Provence.	rue st. Lazare. 31-34. . .	2
Gerard-Beauquet .	13-c.	r. Neuve st. Paul.	rue des Lions. 1-4	9
Germain-l'Aux. (st.).	12-a.	rue st. Denis.	pl. des Trois-Maries. 93-90.	4
Germ. l'A. (des F. st.)	12-a.	rue de la Monnaie.	place d'Iéna. 47-44. . . .	4
Ger. des P. (des F. st.)	12-c.	rue de Bussi.	r. des Boucheries. 31-28. .	10-11
Gervais (st.). . . .	13-a.	r. des C.-st.-Gerv.	r. N. st. François. 1-8 . .	8
Gervais (des C. st.).	13-a.	rue st. Gervais.	r. V. du Temple. 5-24. . .	8
Gervais (du Mon. st.)	12-b.	r. du Martrol.	rue de Longpont. 17-14 . .	8
Gervais-Laurent . .	12-b.	rue de la Lanterne.	r. de la V.-Draperie. 7-8 .	9
Gilles (Neuve st.). .	13-a.	boulev. st. Antoine.	rue de Turenne. 16-22 . .	8
Gilles (P. R. N. st.).	13-a.	r. Neuve st. Gilles.	boulev. st. Antoine. 5-6 .	8
Gindre (du). . . .	13-d.	r. du V.-Colombier.	rue de Mézières. 11-14 . .	11
Gît-le-Cœur. . . .	12-c.	quai des Augustins.	r. s. And.-des-Arts. 19-16 .	11
Glacière (de la). . .	20-a.	boulev. st. Jacques.	rue de Lourcine. 9-8. . .	12
Glatigny	12-d.	quai Napoléon.	rue des Marmousets. 9-8 .	9
Gobelins (des). . .	20-b.	rue Moufetard.	rivière de Bièvre. 19- . .	12
Gourdes (des) . . .	5-d.	rue des Blanchiss.	aven. de Neuilly. 5-28 . .	1
Gousset (Vide-) . .	7-c.	place des Victoires.	rue du Mail. 3-	2
Gracieuse.	17-d.	rue d'Orléans.	rue Copeau. 1-26	12
Grammont.	7-a.	r. N. st. Augustin.	boulev. des Italiens. 27-26.	2
16-Grand Rue. . . .	7-d.	enclos de la Trinité.	près la rue Grenéta. . . .	6
Grange-aux-Belles .	8-a.	rue des Marais.	rue des Récolets. 15-32 . .	5
Grange-Batelière . .	3-c.	boul. Montmartre.	r. du Fg. Montmartre. 23-34.	2
Grasilliers (des). . .	7-d.	rue du Temple.	rue Transnonain. 51-66 . .	6
Grenelle (de) . . .	7-c.	rue st. Honoré.	rue Coquillière. 63-48 . .	4
Grenelle (de) . . .	11-d.	rue du Dragon.	rue d'Iéna. 125-141. . . .	10
Grenelle (de) . . .	10-b.	rue d'Austerlitz.	av. de Labourdonnaie. 43-54	10
Grenetal	7-d.	rue st. Martin.	rue st. Denis. 63-52 . . .	6
Grenier st. Lazare. .	7-d.	rue Beaubourg.	rue st. Martin. 37-36 . . .	7
Grenier-sur-l'Eau. .	12-d.	r. Geoffroi-l'Asnier.	rue des Barres. 11-12 . . .	9
Grès (des)	17-a.	rue st. Jacques.	rue de la Harpe. 19-10 . .	11
Gresillons (des) . .	2-c.	rue du Rocher.	rue de Miroménil. 29-22 . .	1
Grétry.	7-a.	rue de Favart.	rue de Grammont 5-4.	2
Gril (du)	17-d.	rue d'Orléans.	rue Censier. 2-	12
Guénégaud. . . .	12-a.	quai de la Monnaie.	rue Mazarine. 35-24 . . .	10
Guérin-Boisseau . .	7-d.	rue st. Martin.	rue st. Denis. 49-52 . . .	6
Guillaume.	12-d.	quai d'Orléans.	r. Blanche de Castille. 13-18	9
Guillaume (st.). . 2	11-b.	rue de Grenelle.	rue des Sts. Pères. 31-40 .	10

(11)

Rues.		Tenans.	Aboutissans.	Arr.
Guillemites (des)	13-a.	r. des Bl.-Manteaux,	rue de Paradis	3-6	7
Guillemin (Neuve-)	11-d.	rue du Four.	r. du V. Colombier. 23-28	
Guisarde	12-c.	marc. st. Germain.	rue des Canettes. 25-20.	11
17-Guntzbourg (de)	12-c.	rue de Wertinghen,	rue neuve de l'Abbaye. 7-6.	10

H

Hanovre (d')	7-a.	rue de Choiseul.	r. du Port-Mahon, 21-16.	2
Harengerie (de la V.)	12-b.	r. du Chev.-du-Guet.	rue de la Tabletrie. 11-8.	4
Harlay (de)	12-a.	quai de l'Horloge.	quai des Orfèvres. 29-20	11
Harlay (du)	13-a.	boulev. st. Antoine.	rue st. Claude. 11-12.	8
Harpe (de la)	12-c.	rue st. Séverin.	place st. Michel. 129-110.	11
Hasard (du)	7-c.	rue Traversière.	rue Helvétius. 17-8.	2
Hautefeuille	12-c.	pl. st. And.-des-Ar.	r. de l'Ecole de Méd. 23-30.	11
Hauteville (d')	7-b.	r. Basse P. st. Denis.	rue de Paradis. 37-48.	3
Heaumerie (de la)	12-b.	r. de la Vieil.-Monn.	rue st. Denis, 15-22.	6
Helder (du)	7-a.	boul. des Italiens.	rue Taitbout. 27-20.	2
Helvétius	7-c.	rue de Langlade.	rue n. st.-Augustin. 79-68.	2
19-Henri	7-d.	rue Bailly.	rue Royale. 5-4.	6
Hermites (des 2).	12-d.	r. des Marmousets.	rue Cocatrix. 11-4.	9
Hilaire (st.).	17-b.	r. des Sept-Voies.	r. st. J-de-Beauvais. 11-18.	12
Hillerin-Bertin	11-a.	rue de Grenelle.	rue de Varennes. 13-12.	10
Hippolyte (st.).	20-b.	r. des Trois-Cours.	rue de Lourcine, 19-20.	12
Hirondelle (de l')	12-c.	pl. du P. st. Michel.	rue Git-le-Cœur. 33-26.	11
Hoche.	7-c.	à dém. pour la réunion du Louv. aux Tuil.	—	1
Homme-Armé (de l').	12-b.	r. ste. Cr. de la Bret.	rue des Bl.-Manteaux. 5-4.	7
Hommes (des Bons).	10-a.	démolie en 1812 p. le Palais du Roi de Rome.		1
Honoré (st.).	7-c.	rue de la Lingerie.	b. de la Mad. 389-420. 1-2-3-4	
Honoré (du Fb. st.).	6-a.	b. de la Madeleine.	r. de la Pépinière. 127-136.	1
Honoré-Chevalier	16-b.	rue du Pot-de-Fer.	rue Cassette. 17-14.	11
Hôpital st. Louis (de l')	4-c.	rue des Récolets.	barr. du Combat. 33-10.	5
Houssaye (de).	3-c.	rue de Provence.	rue de la Victoire. 1-6.	2
Hubert (Jean)	17-b.	rue des Sept-Voies.	rue des Cholets. 3-2.	12
Huchette (de la)	12-d.	r. du Petit-Pont.	r. de la V.-Bouclerie. 39-44.	11
20-Hugues (st.).	7-d.	rue Bailli.	rue Royale. 5-6.	6
Hurepoix (du)	12-c.	Voyez quai des Augustins depuis 1811.		11
Hurleur (du Grand)	7-d.	rue st. Martin.	rue Bourg-l'Abbé. 33-26.	6
Hurleur (du Petit).	7-d.	rue Bourg-l'Abbé.	rue st. Denis. 7-14.	6
Hyacinthe.	12-d.	quai de la Grève.	r. de la Mortellerie. —	9
Hyacinthe (st.).	6-d.	rue de la Sourdière.	r. du m. des Jacobins. 3-8.	2
Hyacinthe (st.).	17-a.	place st. Michel.	rue st. Jacques. 35-34.	11

I

Iéna (d')	11-a.	quai des Invalides.	rue de Grenelle. 19-	10
Impériale	7-c.	à démolir pour la réunion du Louv. aux Tuil. —		1
Irlandais (des)	17-b.	r. la Vieil. Estrap.	rue des Postes. 3-2.	12
Ivry (d')	20-b.	rue du Banquier.	boulev. de l'Hôpital. 1-	12

J

21-Jacinthe.	12-d.	r. des Trois-Portes.	rue Galande. 3-4.	12
Jacob.	11-b.	rue Bonaparte.	rue des sts. Pères. 25-28.	10
Jacobins (du M. des).	6-d.	rue st. Honoré.	r. N. des P.-Champs. 3-6.	2

Rues.		Tenans.	Aboutissans.	Arr.
Jacques (st.)	12-d.	rue st. Séverin.	r. de la Bourbe. 309-358.	11-12
Jacques (du Fg. st.)	20-a.	r. de la Bourbe.	boulev. st. Jacques. 59-36.	12
Jacques (des Fos. st.)	17-a.	rue st. Jacques.	rue des Postes. 19-34.	12
Jacq. de la Bouch. (st.)	12-b.	Planche-Mibray.	rue st. Denis. 41-52.	6-7
Jardin des Plant. (du)	17-d.	rue Poliveau.	rue Copeau. 29-26.	12
Jardinet (du)	12-c.	rue Mignon.	rue de l'Eperon. 13-12.	11
Jardins (des)	13-c.	r. des Prêtr. st. Paul.	rue des Barrés. 35-22.	9
Jarente	13-a.	rue de l'Egout.	r. Culture ste. Cath. 9-14.	8
Jean (st.)	10-b.	rue de l'Université.	rue st. Dominique. 3-14.	10
Jean (Neuve st.)	7-b.	r. du Fg. st. Martin.	r. du Fg. st. Denis. 17-8.	5
Jean-Baptiste (st.)	2-c.	rue de la Pépinière.	rue st. Michel. 11-10.	1
Jean-Bart.	16-b.	rue de Vaugirard.	rue de Fleurus. 3-4.	11
J. de Beauvais (st.)	12-d.	rue des Noyers.	rue st. Hilaire 31-42.	12
Jean-st.-Denis	7-c.	*Voyez* rue Pierre-Lescot, depuis 1806.		4
22-*J. de Latran* (st.)	17-b.	r. st. J. de Beauvais.	place Cambray. 9-8.	12
Jean-Pain-Mollet.	12-b.	rue des Arcis.	rue de la Coutellerie. 33-26	7
23-*Jérôme* (st.)	12-b.	quai de Gèvres.	rue Vlle.-Lanterne. -2	7
Jérusalem (de)	12-a.	quai des Orfèvres.	rue de Nazareth. 7-	11
Jeûneurs (des)	7-a.	rue du Sentier.	rue Montmartre. 19-22.	3
24-*Jouaillerie* (de la)	12-b.	place du Châtelet.	r. st. J.-de la Bouch. -4.	4-7
Joquelet.	7-a.	rue Montmartre.	r. N.-D.-des-Victoir. 9-12.	3
Joseph (st.)	7-a.	r. du Gros-Chenet.	rue Montmartre. 21-26.	3
Jaubert	2-d.	rue du Mont-Blanc.	rue ste. Croix. 45-32.	1
Jour (du)	7-c.	rue Coquillière.	rue Montmartre. 33-10.	3
Jouy (de)	13-c.	rue de Fourcy.	rue st. Antoine. 29-20.	9
Judas.	17-b.	r. de la M. ste. Genev.	rue des Carmes. 19-14.	12
Juifs (des)	13-a.	r. du Roi-de-Sicile.	rue des Rosiers. 23-28.	7
Juiverie (de la)	12-d.	r. de la V.-Draperie.	rue de la Calandre. 33-38.	9
Julien-le-Pauvre (st.)	12-d.	rue de la Bûcherie.	rue Galande. 13-16.	12
Julienne (projetée)	20-b.	rue de Lourcine.	rue Pascal.	12
Jules (st.)	14-c.	rue de Montreuil.	r. du Fg. st. Antoine. -	8
Jussienne (de la)	7-c.	rue Pagevin.	rue Montmartre. 25-20.	3

K

Kléber.	10-c.	barr. de la Cunette.	avenue de Suffren. 5-24.	10

L

Lacaille.	20-a.	b. d'Enfer.	rue d'Enfer. 3-2.	12
Lacuée (projetée)	18-b.	r. des Terres-Fortes.	r. du Fg. st. Antoine. -	8
Lagny (du Ch. de)	14-d.	aven. des Ormeaux.	r. du Fg. st. Antoine. 15-	8
25-*Laiterie* (de la)	7-d.	rue du Commerce.	rue des Arts. -	6
Lancry (de)	8-a.	rue de Bondy.	rue des Marais. 33-30.	5
Landry (st.)	12-d.	quai Napoléon.	rue des Marmousets. 9-12	9
26-*Landry* (du Ch. St.)	12-d.	quai Napoléon.	rue des Marmousets. 9-8.	9
Lanterne (de la)	12-b.	quai Desaix.	r. Vieille-Draperie. 17-18.	9
Lanterne (de la)	12-b.	rue st. Bon.	rue des Arcis. 7-4.	7
Lanterne (de la Vl.)	12-b.	rue st. Jérôme.	r. de la V. pl. aux Veaux.	7
Lantier (J.)	12-a.	rue des Lavandières.	rue Bertin-Poirée. 3-8.	4
Lappe (de)	13-d.	rue de la Roquette.	rue de Charonne. 55-48.	8
Lard (au)	12-b.	rue de la Lingerie.	rue Lenoir. 9-12.	4
Laurent (st.)	3-d.	rue du Fg. st. Denis.	r. du Fg. st. Martin. 19-32.	5
Laurent (Neuve st.)	8-a.	rue du Temple.	rue de la Croix. 29-34.	6

Rues.		Tenans.	Aboutissans.	Arr.
Laval.	3-a.	rue de Pigale.	les Champs. -10.	a
Larandières (des) . .	12-b.	r. st. Germ. l'Auxer.	pl. ste. Opportune. 41-30.	4
Larandières (des) . .	12-d.	place Maubert.	rue des Noyers. 11-18. .	12
Lazare (st.). . . .	3-c.	r. du Fg. Montmart.	rue de l'Arcade. 103-134.	1-2
Leclerc.	20-a.	r. du Fg. st. Jacques.	boulev. st. Jacques. 3-2. .	12
Lenoir.	13-d.	marché Beauveau.	r. du Fg st. Antoine. 19-20.	8
Lenoir.	12-b.	rue st. Honoré.	rue de la Poterie. 3-4. .	4
Lenostre	6-a.	allée des Veuves.	rue du Colisée. - .	1
Lepelletier.	7-a.	boulev. des Italiens.	rue de Provence. 13-40. .	2
Lepelletier.	7-a.	Voyez rue Rameau, depuis 1807. - . .		
Lescot (Pierre) . . .	7-c.	rue de Rivoli.	rue st. Honoré. 15-14. .	4
Lesdiguières.	13-c.	rue de la Cerisaie.	rue st. Antoine. 15-18. .	9
Levrette (de la) . .	12-b.	r. de la Mortellerie.	rue du Martroi. 3- . .	9
Licorne (de la) . .	12-d.	r. des Marmousets.	rue st. Christophe. 17-20.	9
Lille (de)	11-b.	rue des sts. Pères.	rue de Bourgogne. 105-96.	10
Limace (de la) . .	12-b.	r. des Déchargeurs.	rue des Bourdonnais. 9-26.	4
Limoges (de)	8-c.	rue de Poitou.	rue de Bretagne. 11-14. .	7
Lingerie (de la) . .	12-b.	rue st. Honoré.	rue de la gr. Friperie. 15-	4
Lion (du Petit) . .	7-d.	rue st. Denis.	r. des Deux-Portes. 23-28.	5
Lion (du Petit) . .	12-c.	rue de Condé.	rue des Aveugles. 29-30.	11
Lions (des)	13-c.	rue du Petit-Musc.	rue st. Paul. 13-18. .	9
Lodi (du Pont de) .	12-c.	r. des Gr.-August.	r. de Thionville 7-10. .	11
Lombard (Pierre) . .	20-b.	rue Mouffetard.	place de la Collégiale. - .	12
Lombards (des) . .	12-b.	rue st. Martin.	rue st. Denis. 59-54. .	6
Longchamp (de) . .	5-c.	à démolir pour le Palais du Roi de Rome. - .		1
Longpont (de) . . .	12-b.	quai de la Grève.	r. du M. st. Gervais. 15-8.	9
Louis (st.)	7-c.	rue de l'Echelle.	rue st. Honoré. 9-8. .	1
Louis (st.)	13-a.	Voyez r. de Turenne, depuis 1807. - .		8
Louis (st.)	12-d.	Voyez r. Bl.-de-Castille, depuis 1807.		9
Louis (st.)	12-c.	Voyez quai des Orfèvres, depuis 1812. - .		11
Lourcine (de) . . .	17-d.	rue Mouffetard.	rue de la Santé. 117-122.	12
Louvois (de) . . .	7-a.	rue de Richelieu.	rue Helvétius. 7-10. .	2
Lubeck (de)	5-c.	démolie en 1812 pour le P. du Roi de Rome. - .		1
Lulli (de)	7-a.	rue Rameau.	rue de Louvois. 3- .	2
Lune (de la) . . .	7-b.	rue Poissonnière.	boul. B.-Nouvelle. 45-42.	5
Luxembourg (N). . .	6-b.	rue de Rivoli.	boulev. de la Madel. 37-30.	1
Lycée (du)	7-c.	rue st. Honoré.	rue d'Arcole. 43-48. .	2
Lyonnais (des) . . .	17-d.	rue de Lourcine.	r. des Charbonniers. 21-34.	12

M

Mably.	7-b.	r. du Fg. St. Denis.	r. du Fg. Poissonnière. 41-22.	3
Mâcon.	12-c.	r. st. And.-des-Arts.	r. de la V.-Boucherie. 15-18.	11
Maçons (des) . . .	12-c.	rue des Mathurins.	place Sorbonne. 23-32. .	11
Madame.	16-b.	rue de Vaugirard.	rue de l'Ouest. 17-10. .	11
Madeleine (de la) .	6-b.	r. du Fg. st. Honoré.	rue de l'Arcade. 33-32. .	1
Magdebourg (de) . .	5-c.	démolie en 1812 pour le Pal. du Roi de Rome. - .		1
Magloire (st.). . .	7-d.	r. Salle-au-Comte.	rue st. Denis. 3-6. .	6
Mail (du)	7-a.	rue Vide-Gousset.	rue Montmartre. 37-38. .	3
Maire (au)	7-d.	rue Frépillon.	rue st. Martin. 63-52. .	6
Maison-Neuve. . . .	2-c.	r. de la Pépinière.	rue de la Voirie. 17-12. .	1
Malte (de)	8-c.	r. de Ménilmontant.	rue de la Tour. 55-14. .	6
Malte (de)	7-c.	à dém. pour la réunion du Louvre aux Tuileries. - .		1
Mandar.	7-d.	rue Montorgueil.	rue Montmartre. 13-18. .	3
Mantoue (de) . . .	1-d.	rue de Monceaux.	barr. de Courcelles. 23-4.	1

Rues.		Ténans.	Aboutissans.	r.
Marais (des)	12-a.	rue de Seine,	r. des Pts.-August. 23-	10
Marais (des)	8-a.	r. du Fg. du Temple.	r. du Fg. st. Martin. 53-76.	5
Marc (st.)	7-a.	rue Montmartre.	rue de Richelieu. 33-26.	2
Marc (Neuve st.)	7-a.	rue de Richelieu.	rue Favart. 11-10.	2
Marcel (st.)	20-b.	rue Mouffetard.	pl. de la Collégiale. 7-	12
Marcel (des F. st.)	20-b.	rue Mouffetard.	r. Fer-à-Moulin. 49-58.	12
Marceau	7-c.	rue de Rivoli.	rue st. Honoré. 19-22.	1
Marche (de la)	8-c.	rue de Poitou.	rue de Bretagne. 15-18.	7
Marché (du)	6-a.	rue d'Aguesseau.	rue des Saussayes. 17-16.	1
Marché-Neuf (du)	12-d.	r. du Marché-Palu.	rue de la Barillerie. 21-56.	9
28-Marcoul (st.)	7-d.	rue Bailly.	rue Royale. 5-6.	6
Marguerite (ste.)	12-c.	rue de Bussi.	rue de l'Egout. 43-42.	10
Marguerite (ste.)	13-d.	r. du Fg. st. Antoine.	rue de Charonne. 43-58.	8
Marie (ste.)	11-b.	rue de Lille.	rue de Verneuil. 3-2.	10
Marie (ste.)	5-c.	démol. en 1812 pour le P. du Roi de Rome. -		1
Marigny	6-a.	r. du Fg. st. Honoré.	Champs-Elysées. 1-2.	1
Marivaux	7-a.	rue Grétry.	boulev. des Italiens. 13-2.	2
Marivaux	12-b.	rue des Ecrivains.	rue des Lombards. 33-22.	6
Marivaux (P. rue)	12-b.	r. de la V.-Monnaie.	rue Marivaux. -	6
Marmousets (des)	12-d.	rue de la Colombe.	rue de la Juiverie. 35-40.	9
Marmousets (des)	20-b.	rue des Gobelins.	rue st. Hippolyte. 3-8.	12
Martel	3-d.	r. des Ptes. Ecuries.	rue de Paradis. 15-16.	3
Marthe (ste.)	11-d.	passage st. Benoit.	rue Childebert. 9-4.	10
Martin (st.)	12-b.	rue des Lombards.	porte st. Martin. 317-262.	6-7
Martin (Neuve st.)	7-b.	r. du P. aux Biches.	rue st. Martin. 35-36.	6
Martin (du Fg. st.)	7-b.	porte st. Martin.	barr. de la Villette. 261-308.	5
Martin (des Fos. st.)	4-a.	rue de la Chapelle.	r. du Faub. st. Denis. -	5
Martin (du M. st.)	7-d.	rue Frépillon.	pl. de l'anc. marché. 3-6.	6
Martin (P. r. st.)	20-b.	Voyez rue Pierre-Lombard, depuis 1807. -		12
Martyrs (des)	3-a.	rue st. Lazare.	barrière des Martyrs. 67.66.	2
Martroi (du)	12-b.	pl. de l'H. de Ville.	rue du M. s. Gervais. -24.	
Masseran	16-a.	rue neuve Plumet.	rue de Sèves. 7-4.	10
Massillon	12-d.	rue Chanoinesse.	r. du Cloître N. D. 5-10.	9
Masure (de la)	12-d.	quai des Ormes.	rue de la Mortellerie. 1-	9
Mathurins (des)	12-c.	rue st. Jacques.	rue de la Harpe. 15-26.	11
Mathurins (Neuve des)	2-d.	r. du Montblanc.	rue de l'Arcade. 45-78.	1
Mathur. (de la F. des)	2-d.	r. N. des Mathurins.	rue st. Nicolas. 7-12.	1
Matignon	6-a.	allée des Veuves.	r. du Fg. st. Honoré. 3-	1
Maubuée	12-b.	rue du Poirier.	rue st. Martin. 31-30.	7
Mauconseil	7-d.	rue st. Denis.	rue Montorgueil. 37-38.	7
Maur (st.)	8-d.	rue des Amandiers.	r. de l'H. st. L. 79-156.	5-6-8
Maur (st.)	16-b.	rue de Sévres.	r. des Vieill.-Tuiler. 17-12.	10
30-Maur (st.)	7-d.	rue Royale.	rue st. Vannes. 7-4.	6
Maure (du)	7-d.	rue Beaubourg.	rue st. Martin. 5-12.	7
Maures (des trois)	12-b.	rue des Lombards.	rue Trousse-vache. 11-12.	6
31-Maures (des trois)	12-d.	quai de la Grève.	rue de la Mortellerie. -	9
Mazarine	12-a. c.	rue de Seine.	carrefour de Bussy. 57-84.	10
Mécaniques (des)	7-d.	rue du Commerce.	rue des Arts. -	6
Méchain	20-a.	r. de la Santé.	r. du F. st. Jacques. 3-6.	12
Médard (Neuve st.)	17-b.	rue Gracieuse.	rue Mouffetard. 23-24.	12
Médecine (de l'Ec. de)	12-c.	rue de la Harpe.	r. des F. st. G. des P. 39-38.	11
Médéric (Neuve st.)	12-b.	rue ste. Avoie.	rue st. Martin. 55-52.	7
Ménars (de)	7-a.	rue de Richelieu.	rue de Grammont. 9-14.	2
Ménétriers (des)	7-d.	rue Beaubourg.	rue st. Martin. 25-26.	7
Ménilmontant (de)	8-c.	rue Amelot.	barr. de Ménilm. 101-120.	6-8
Ménilmontant (N. de)	8-c.	rue de Turenne.	b. des F. du Calvaire. 17-10.	8

Rues.		Tenans.	Aboutissans.	Arr.
Mercier.	7-c.	rue de Viarmes.	rue de Grenelle. 15-12.	4
Méricourt (de la Folle.)	6-d.	r. de Ménilmontant.	rue Fontaine. 27-28.	6
Merri (du Cl. st.).	12-b.	rue de la Verrerie.	rue st. Martin. 7-24.	7
Merri (Neuve st.).	12-b.	Voy. r. N. st. Médério, depuis 1807. -		7
Meslay ou Meslée.	8-a.	rue du Temple.	rue st. Martin. 67-66.	6
Messageries (des).	3-d.	rue du Paradis.	rue du Fg. Poissonnié. 27-28.	3
82-Métiers (des).	7-d.	rue du Commerce.	rue des Arts. -	6
Mézières (de).	11-d.	rue du Pot-de-Fer.	rue Cassette. 11-14.	11
Michel (st.).	2-c.	r. Maison-Neuve.	rue st. Jean-Baptiste. 9-8.	1
Michel-le-Comte.	7-d.	rue ste. Avoie.	rue Transnonain. 39-40.	7
Michodière (de la).	7-a.	carrefour Gaillon.	boulev. des Italiens. 29-24.	2
Mignon.	12-c.	rue du Battoir.	rue du Jardinet. 9-4.	11
Milan (de).	1-d.	r. du Fg. du Roule.	rue de Mantoue. 1-4.	1
Minimes (des).	13-a.	rue des Tournelles.	rue de Turenne. 11-14.	8
Miromesnil (de).	6-a.	r. du Fg. st. Honoré.	r. de la Bienfaisance. 33-34.	1
Moine (du Petit.)	17-d.	rue de Scipion.	rue Mouffetard. 17-2.	12
Moineaux (des).	6-d.	rue des Orties.	r. Neuve st. Roch. 33-28.	2
Molay.	8-c.	rue Portefoin.	rue de la Corderie. 15-8.	7
Molière.	12-c.	place de l'Odéon.	rue de Vaugirard. -6.	11
Monceau (de).	1-d.	r. du Fg. du Roule.	rue de Mantoue. 5-8.	1
Mondétour.	7-d.	rue des Prêcheurs.	rue du Cygne. 33-26.	4-5
Mondori (de).	6-d.	rue de Rivoli.	rue Mont-Thabor. -	1
Monnaie (de la).	12-a.	r. st. Germ.-l'Aux.	r. des F. st. G. l'Aux. 25-32.	4
Monnaie (de la V.).	12-b.	rue des Écrivains.	rue des Lombards. 29-28.	6
Montaigne.	6-a.	avenue de Neuilly.	rue du Fg. st. Honoré. -	1
Mont-Blanc (du).	6-b.	boulev. des Italiens.	rue st. Lazare. 61-70.	1-2
Montesquieu.	7-c.	r. C. des P.-Champs.	rue des Bons-Enfans. 7-8.	4
Montgallet.	19-a.	rue de Charenton.	rue de Reuilly. 7-28.	8
Mont-Thabor (du).	6-d.	rue de Castiglione.	rue de Mondovi. 21-16.	1
Montholon.	3-d.	r. du F. Poissonnièr.	rue de Rochechouart. 27-32.	2
Montmartre.	7-a.	rue Traînée.	b. Montmartre. 183-182.	2-3
Montmartre (du Fg.).	7-a.	boulev. Montmartre.	rue st. Lazare. 91-84.	2
Montmartre (des Fos.)	7-c.	place des Victoires.	rue Montmartre. 31-24.	3
Montmorency.	7-d.	rue du Temple.	rue st. Martin. 49-46.	7
33-Montmorency.	7-a.	rue Feydeau.	rue st. Marc. 3-4.	2
Montorgueil.	7-d.	pointe st. Eustache.	rue du Cadran. 77-112.	3-5
Mont-Parnasse (du).	16-b.	r. N. D. des Cham.	bar. du Mont-Parnasse. 5-8.	11
Montreuil (de).	14-d.	barr. de Montreuil.	r. du Fg. st. Antoine. 149-106.	8
Moreau.	18-a.	quai de la Rapée.	rue de Charenton. 23-12.	8
Mortellerie (de la).	12-d.	rue de l'Étoile.	pl. de l'H. de-Ville. 155-156.	9
Morts (des).	4-c.	r. de l'Hop. st. Louis.	r. du Fg. st. Martin. 25-38.	5
Mouceaux (de).	1-d.	Voyez rue de Monceau, depuis 1807 -		1
Mouffetard.	17-d.	rue Fourcy.	barr. d'Italie. 329-294.	12
Moulin (du Haut-).	8-a.c.	rue de la Tour.	rue du Fg. du Temple. 5-10.	6
Moulin (du Haut-)	12-b.d.	rue de Glatigny.	rue de la Lanterne. - 9-8.	9
Moulins (des).	7-a.c.	rue des Orties.	r. N. des P.-Champs. 23-32.	2
Moulins (des).	19-d.	barr. de Reuilly.	rue Picpus. -4.	8
Moussi (de).	12-b.	rue de la Verrerie.	r. ste. C. de la Breton. 7-10.	7
Mouton (du).	12-b.	pl. de l'Hôt. de Ville.	r. de la Tixeranderie. 13-6.	7-9
Muette (de la).	14-a.	rue de Charonne.	rue de la Roquette. 31-24.	8
Muette (de la).	17-d.	Voyez r. Fer-à-Moulin, depuis 1807. -		12
34-Mulets (des).	6-d.	rue d'Argenteuil.	rue des Moineaux. -	2
Mûrier (du).	17-b.	rue st. Victor.	rue Traversine. 13-8.	12
Muse (du Petit)	13-c.	quai des Célestins.	rue st. Antoine. 21-16.	9

Rües.	Tenans.	Aboutissans.	Arr.

N

Napoléon	6-b.	r. N. des Capucines.	boulev. des Capucines. 21-20.	1
Nazareth (de)	12-c.	cour de la ste. Chap.	rue de Jérusalem. 9-	11
35-Necker	13-a.	rue d'Ormesson.	rue Jarente. 11-10	8
Nevers (de)	12-a.	quai de la Monnaie.	rue d'Anjou. 21-18.	10
Nicaise (st.)	7-c.	rue st. Honoré.	rue de Rivoli. 7-8.	1
Nicolas (st.)	13-d.	rue de Charenton.	r. du Fg. st. Antoine. 27-26.	8
Nicolas (st.)	2-d.	rue du Mont-Blanc.	rue de l'Arcade. 69-68.	1
Nicolas (Neuve st.)	8-a.	rue Samson.	r. du Fg. st. Martin. 19-48.	6
Nicolas (du Cim. st.)	7-d.	rue Transnonain.	rue st. Martin. 23-30.	6-7
Nicolas-du-Ch. (st)	17-b.	rue Traversine.	rue st. Victor. 17-14.	12
Nicolet	5-d.	quai des Invalides.	rue de l'Université. 7-12.	10
Nonaindières (des)	13-c.	quai des Ormes.	rue de Jouy. 37-26.	9
Normandie (de)	8-c.	rue Boucherat.	rue Charlot. 11-6.	6
N.-Dame (du Cl.)	12-d.	rue Chanoinesse.	rue st. P. aux B. -30.	9
Notre-Dame (Neuve)	12-d	place du Parvis.	rue du Marché Palu. 23-8.	9
Notre-Dame (Vieille)	17-d.	rue Censier.	rue d'Orléans. 3-12.	12
N.-D. des Ch. (N)	16-d.	rue de Vaugirard.	b. du Mont-Parnasse. 57-52.	11
N.-D. de B.-Nouv.	7-b	rue Beauregard.	boulev. de Bonne-Nouv. 13-8.	5
N.-D. de Nazareth.	8-a.	rue du Temple.	r. du P.-aux-Biches. 31-38.	6
N.-D. de Recouvrance	7-b.	rue Beauregard.	boul. Bonne-Nouv. 21-20.	5
N.-D. des Victoires.	7-a.	pl. des Pts.-Pères.	rue Montmartre. 25-48.	2-3
Noyers (des)	12-d.	place Maubert.	rue st. Jacques. 51-52.	12

O

Oblin	7-c.	à démolir pour la Grande-Halle. -		4
Observance (de l')	12-c.	rue M. le Prince.	pl. de l'Ec. de Méd. 7-12.	11
Odéon (de l')	12-c.	carref. de l'Odéon.	pl. de l'Odéon. 35-38.	11
Ogniard	12-b.	rue st. Martin.	rue des Cinq-Diamans. 5-8.	6
Oiseaux (des)	8-c.	rue de Beauce.	m. des Enf.-Rouges. 1-4.	6
Olivet (d')	11-c.	rue des Brodeurs.	rue Traverse. 5-6.	10
Orangerie (de l')	17-d.	rue d'Orléans.	rue Censier. - 4.	12
Oratoire (de l')	7-c.	place Marengo.	rue st. Honoré. 1-12.	4
Oratoire (de l')	1-d.	avenue de Neuilly.	rue du F. du Roule. 5-10	4
Orfèvres (des)	12-a.	r. s. Germ.-l'Auxer.	rue Jean-Lantier. 15-6.	4
Orillon (de l')	8-b.	rue st. Maur.	bar. de Ramp. 27-20.	6
Orléans, (d')	7-c.	rue st. Honoré.	rue des Deux-Ecus. 21-16.	4
Orléans (d')	8-c.	rue des Quat.-Fils.	rue de Poitou. 15-12.	7
Orléans (d')	17-d.	rue Mouffetard.	r. du J. des Plantes 47-46	12
Orléans (Neuve d')	7-b.	porte st. Martin.	porte st. Denis. -32.	5
Ormeaux (des)	14-d.	r. du Ch. de Lagny.	rue de Montreuil. 3-6.	8
Ormesson (d')	13-a.	rue de l'Egout.	r. Cul. ste. Catherine. 19-10.	8
Orties (des)	7-c.	rue d'Argenteuil.	rue Helvétius. 13-12.	2
Orties (des)	12-a.	dém. p. la réun. du Louvre aux Tuileries. -		1
Oseille (de l')	8-c.	rue de Turenne.	Vieille r. du Temple. 11-12.	8
Ouest (de l')	16-b.	rue de Vaugirard.	b. du Mt.-Parnasse. 9-24.	11
Ours (aux)	7-d	rue st. Martin.	rue st. Denis. 55-60.	6
Oursine (de l')	17-d.	Voyez rue de Lourcine. -		12

P

Pagevin	7-c.	rue de la Jussienne.	rue des V.-Augustins 7-24.	3
Paillassons (des)	15-b.	avenue de Saxe.	bar. des Paillassons. 11-10.	10

Rues.		Tenans.	Aboutissans.	Arr.
Pain-Mollet (J.)	12-b.	rue des Arcis.	r. de la Coutellerie. 33-26	7
Palatine.	12-c.	rue Garencière.	pl. st. Sulpice. 5-	11
Palu (du M.)	12-d.	rue de la Calandre.	le Petit-Pont. 15-26.	9
Pantin (du Ch. de).	4-a.	r. du fg. st. Martin.	bar. de Pantin. 27-34.	5
Paon (du).	12-c.	rue du Jardinet.	r. de l'Ec. de Méd. 11-8.	11
Paon (du).	17-b.	rue Traversière.	rue st. Victor. 19-8.	12
36-Paon-Blanc (du).	12-d.	quai des Ormes.	r. de la Mortellerie. -	9
Papillon.	3-d.	rue Bleue.	place Montholon. 5-14.	2
Paradis (de).	3-d.	r. du fg. st. Denis.	r. du Fg. Poissonn. 45-42.	3
Paradis (de).	13-a.	Vieil. r. du Temple.	rue du Chaume. 13-20	7
Parcheminerie (de la)	12-c.	rue st. Jacques.	rue de la Harpe. 35-34.	11
Parc-Royal (du)	13-a.	rue de Turenne.	rue Thorigny. 15-12.	8
Paroles (des M.-)	12-b.	rue des Lavand.	rue des Bourdonnais. 23-22.	4
Pascal.	20-b.	r. proj. sur l'emplacement des Cordelières. -		12
Pas-de-la-Mule (du).	13-a.	boulev. st. Antoine.	place des Vosges. 11-8.	8
Pastourelle	8-c.	r. du Gr.-Chantier.	rue du Temple 15-58.	7
Paul (st.).	13-c.	quai st. Paul.	rue st. Antoine. 57-46.	9
Paul (Neuve st.).	13-c.	rue Beautreillis.	rue saint Paul. 23-8.	9
Pavée.	12-c.	quai des Augustins.	r. st. And.-des-Arts. 19-20.	11
Pavée.	7-d.	rue du Petit-Lion.	rue Montorgueil. 19-16.	5
Pavée.	13-a.	r. du Roi-de-Sicile.	r. N. ste. Catherine. 17-24.	7
Pavée.	12-d.	Voyez pl. Maubert, depuis 1807. -		12
Pavillons (des Trois-)	13-a.	r. des Franc-Bourg.	rue du Parc-Royal. 5-18.	8
37-Paxant (st.).	7-d.	rue Bailly.	rue Royale. 5-6	6
Payenne.	13-a.	r. n. ste. Catherine.	rue du Parc-Royal. 13-18.	8
Pélican (du)	7-c.	rue de Grenelle.	r. C. des P.-Champs. 11-10.	4
Pépinière (de la)	2-c.	rue du Rocher.	rue du F. du Roule. 65-86.	1
Percée.	13-c.	r. des Prêt. st. Paul.	rue st. Antoine 5-12.	9
Percée.	12-c.	rue de la Harpe.	rue Hautefeuille. 13-16.	11
Perche (du).	8-c.	V. r. du Temple.	rue d'Orléans. 13-12.	7
Perdue.	12-d.	rue des Gr.-Degrés.	place Maubert. 21-24.	12
Peres (Neuve des P.-)	7-c.	rue de la Feuillade.	rue Vide-Gousset. 9-18.	3
Pères (des saints)	11-b.	quai Voltaire.	rue de Grenelle. 85-68.	10
Périgueux (de).	8-c.	rue de Bretagne.	rue Boucherat. 15-4.	6
Périne (ste.).	5-a.	Voyez rue ste. Geneviève, depuis 1807.		8
Perle (de la)	13-a.	rue Thorigny.	Vieille r. du Temple. 9-28	8
38-Pernelle.	12-b.	quai de la Grève.	r. de la Mortellerie. 1-2	9
Perpignan (de).	12-d.	rue des Marmousets.	rue des 3 Canettes. 11-12.	9
Perrin-Gasselin.	12-b.	rue st. Denis.	r. de la V.-Harang. 7-12.	4
Pet-au-Diable (du).	12-b.	Voyez rue du Sanhédrin, depuis 1807. -		9
Petrelle	3-b.	r. du f. Poissonnière.	r. Rochechouart. 3-12.	2
Phelipeaux	8-c.	rue du Temple.	rue Frépillon. 37-42.	6
Philippe (st.)	7-b.	rue d'Aboukir.	rue Cléry. 1-4.	5
39-Philippe (st.)	7-d.	rue Bailly.	rue Royale. 3-4	6
Picpus (de)	19-b.	r. du fg. st. Antoine.	barrière de Picpus. 51-78.	8
Pied-de-Bœuf (du)	12-b.	rue de la Tuerie.	r. de la Jouaillerie. -	9
Pierre (st.).	7-a.	rue Montmartre.	rue N.-D. des Vict. 19-16.	3
Pierre (st.).	8-c.	rue st. Sébastien.	r. de Ménilmontant. -24	8
Pierre (Neuve st.).	12-a.	r. neuv. st. Gilles.	r. des Douze-Portes. 3-10.	8
Pierre (Petite rue st.).	13-a.	r. du Chemin-Vert.	rue Amelot. 23-28.	8
Pierre (Basse st.).	5-c.	quai de Billy.	p. de la P.-à-l'eu 23-26.	1
Pierre-des-Arcis (st.).	12-b.	r. Gervais-Laurent.	r. de la V.-Draperie. 5-6.	9
Pierre-Assis.	20-b.	rue Mouffetard.	rue ste. Hippolyte. 7-2.	12
Pier.-aux-Bœufs (st.)	12-d.	rue des Marmousets.	pl. du Parvis N.-D. 9-12	9
Pierre-au-Lard	12-b.	r. n. st. Médéric.	rue du Poirier. 15-12.	7
Pierre-à-Poisson	12-b.	rue de la Sonnerie.	rue st. Denis. -16	4

Rues.		Tenans.	Aboutissans.	Arr.
Pigalle	2–b.	rue Blanche.	barr. Montmartre. 21–34.	2
Piliers-P.-d'Et.(des)	7–d.	à démolir en partie pour la Grande-Halle. –	4
Piron	13–c.	r. Grange-Batel.	rue Cérutti. 9–14.	2
40–Pirouette.	7–d.	r. de la Tonnellerie.	rue Mondétour. 15–10.	4–5
Pistolets (des Trois·)	13–c.	rue du Petit-Musc.	rue Beautreillis. 3–2	9
Placide (st.).	11–d.	rue de Sèvres.	r. des V.-Tuileries. 29–24.	10
Planche (de la).	11–d.	rue de la Chaise.	rue du Bac. 27–28.	10
Planche-Mibray.	12–b.	quai de Gèvres.	r. s. J. de la Boucherie. 21–28.	7
Planchette (de la).	13–d.	à démolir en partie pour la promenade du canal.	8
Plantes (du J. des)	17–d.	rue Fer-à-Moulin.	r. de Seine. 29–26	12
Plat-d'Etain (du).	12–b.	rue des Lavandières.	rue des Déchargeurs 7–8.	4
Plâtre (du)	12–b.	rue des Anglais.	rue st. Jacques. 27–28.	12
Plâtre (du)	12–b.	r. de l'Hom.-Armé.	rue ste. Avoie. 15–18.	7
Plumet	11–c.	rue des Brodeurs.	boulev. des Invalides. 29–18.	10
Plumet (Neuve).	11–c.	boul. des Invalides.	avenue de Breteuil. 1–29.	10
41–Plumets (des)	12–b.	quai de la Grève.	rue de la Mortellerie. –	9
Pochet.	11–c.	Voyez rue des Brodeurs, depuis 1807. –	9
Poirées (des)	17–a.	rue st. Jacques.	rue Neuve des Poirées. 3–6	11
42–Poirées (N. des).	17–a.	rue des Cordiers.	rue des Poirées. 1–2	11
Poirées (du M. aux).	7–d.	à démolir pour la Grande-Halle. –	4
Poirier (du).	12–b.	rue N. st. Médéric.	rue Simon-le-Franc. 19–18.	7
Poissonnière.	7–b.	rue Cléry.	boulev. Poissonnière. 37–46. 3–5	
Poissonnière (du Fg.)	7–b.	boul. Poissonnière.	bar. Poissonnière. 105–126. 2–3	
Poissy (de)	12–d.	q. de la Tournelle.	rue st. Victor. 5–8.	12
Poitevins (des)	12–c.	rue Hautefeuille.	rue du Battoir. 13–14.	11
Poitiers (de).	11–b.	quai Bonaparte.	rue de l'Université. 9–10.	10
Poitou (du)	8–c.	rue V. du Temple.	rue d'Orléans. 13–38.	7
Poliveau (de)	17–d.	quai de l'Hôpital.	rue du J. des Plantes. 31–28.	12
Pompe (de la)	5–d.	à démolir pour la manufacture des Tabacs.	10
Ponceau (du)	7–b.	rue st. Martin.	rue st. Denis. 51–50	6
Pont (du Petit-)	12–d.	place du Petit-Pont.	rue Galande. 29–26.	11–12
Pont-aux-Biches (du)	17–d.	rue Censier.	rue Fer-à-Moulin. –8.	12
Pont-aux-Biches (du)	8–a.	rue st. Laurent.	rue N.-D. de Nazareth. 7–.	6
Pont-aux-Choux. (du)	8–c.	boulev. st. Antoine.	rue de Turenne. 27–24	8
Ponts (des Deux-).	12–d.	p. de la Tournelle.	pont Marie. 37–40.	9
Ponthieu (de)	5–b.	Allée des Veuves.	rue Neuve de Berri. 3–	1
Pontoise (de).	12–d.	q. de la Tournelle.	rue st. Victor. 13–18.	12
Popincourt (de).	13–b.	rue de la Roquette.	rue de Ménilmontant. 75–98.	8
Port-Mahon (du)	7–a.	r. N. st. Augustin.	r. de la place Vendôme. 11–16.	2
Portefoin	8–c.	r. des Enfans-Roug.	rue du Temple. 25–14.	7
Portes (des Deux-).	12–b.	r. de la Tixérander.	rue de la Verrerie. 9–6.	7
Portes (des Deux-)	7–d.	r. du Petit-Lion.	rue Thévenot. 31–36.	5
Portes (des Deux·)	12–c.	rue de la Harpe.	rue Hautefeuille. 7–8.	11
Portes (des Trois-)	12–d.	place Maubert.	rue des Rats. 13–16	12
Portes (des Douze-).	13–a.	rue N. st. Pierre.	rue de Turenne. 9–8.	8
Postes (des)	17–d.	pl. de l'Estrapade.	rue de l'Arbalète. 45–50.	12
Pot-de-Fer (du)	11–d.	r. du V. Colombier.	rue de Vaugirard. 17–22.	11
Pot-de-Fer (du)	17–d.	rue Mouffetard.	rue des Postes. 11–24.	12
Poterie (de la).	7–c.d.	rue de la Lingerie.	rue de la Tonnellerie. 27–.	4
Poterie (de la)	12–b.	r. de la Tixérander.	rue de la Verrerie. 13–26.	7
Potiers	1–d.	rue N. de Berry.	rue de l'Oratoire. –	1
Potiers-d'Etain (des)	7–d.	Voyez rue des Piliers-Potiers-d'Etain. –	4
Poules (des).	17–b.	r. de la V. Estrapade.	r. du Puits-qui-parle. 3–14.	12
Poulies (des).	7–c.	place Iéna.	rue st. Honoré. 17–18.	4
Poulletier.	13–c.	quai de Béthune.	quai d'Anjou. 7–14.	9
Poupée	12–c.	rue de la Harpe.	rue Hautefeuille. 11–22.	11

Rues.		Tenans.	Aboutissans.	Arr.
Pourtour (du)	12-b.	rue du Monceau.	place Baudoyer. 15-8	9
Prêcheurs (des)	7-d.	rue st. Denis.	r. des P.-Potiers-d'Et. 37-38.	4
Prêtres (des)	12-a.	rue de la Monnaie.	pl. st. Germ.-l'Aux. 43-24.	4
Prêtres (des)	12-c.	rue st. Séverin.	r. de la Parcheminerie. -14.	11
Prêtres (des)	13-c.	rue st. Paul.	rue des Nonaindières. 23-30.	9
Prêtres (des)	17-b.	rue Bordet.	rue de la M. ste. Genev. 1-16.	12
Prieuré (du Grand-).	8-c.	r. de Ménilmontant.	rue de la Tour. 1-.	6
Prince (de M.-le-).	12-c.	carref. de l'Odéon.	rue de Vaugirard. 55-38.	11
Prince (des F.-M.-le)	12-c.	Voyez rue de Monsieur-le-Prince, depuis 1806.		11
Princesse	12-c.	rue du Four.	rue Guisarde. 17-20.	11
Projette	5-a.	rue de Lonchamp.	r. des Vignes. - 78.	1
Provence (de)	3-c.	r. du Fg. Montmart.	rue du Mont Blanc. 31-58.	2
Prouvaires (des)	7-c.	à démolir en partie	pour la Grande-Halle. -	3
Puits (du)	12-b.	r. ste. Cr.-de-la-Bret.	rue des Bl.-Manteaux. 7-16.	7
Puits (du Bon-).	17-b.	rue st. Victor.	rue Traversine. 21-20.	12
Puits-qui-parle (du)	17-b.	r. N. ste. Geneviève.	rue des Postes. -4.	12
Puits-l'Ermite (du)	17-d.	rue du Battoir.	rue Gracieuse. 11-14.	12
Pyramides (des)	6-d.	place de Rivoli.	rue st. Honoré. -	1

Q

43. Quenouilles (des).	12-a.	q. de la Mégisserie.	rue st. Germain-l'Auxerrois.	4
Quiberon (de).	7-c.	rue de Richelieu.	rue d'Arcole. 43-38.	2
Quincampoix	12-b.	r. Aubry-le-Boucher.	rue aux Ours. 95-80.	6
Quinze-Vingts (des)	7-c.	à démolir en partie	pour la réun. du L. aux T. -	1

R

Racine (de)	12-c.	r. M.-le-Prince.	place de l'Odéon. 3-4.	11
Rambouillet (de).	18-b.	rue de Bercy.	rue de Charenton. -6.	8
Rameau (de)	7-a.	rue de Richelieu.	rue Helvétius. 13-8.	2
Rats (des)	12-d.	rue de la Bûcherie.	rue Galande. 13-18.	12
Rats (des)	14-a.	r. de la F. Regnault.	barrière des Rats. 7-2.	8
Réale (de la)	7-d.	r. de la Tonnellerie.	r. de la Gr. Truanderie. 7-6.	5
Récollets (des)	4-c.	r. Grange-aux-Bell.	r. du Fg. st. Martin. 25-34.	5
Regard (du)	16-b.	r. des V. Tuileries.	rue de Vaugirard. 19-30. 10-11	
Regnard (de)	12-c.	place de l'Odéon.	rue de Condé. 5-.	11
Regnault (de la F.).	14-a.	rue de la Muette.	rue des Amandiers. 3-16.	8
Regrattier.	12-d.	quai d'Orléans.	r. Blanche de Castille. 19-22	9
Reims (de)	17-b.	rue des Sept-Voies.	rue des Cholets. 7-8.	12
Reine-Blanche (de la)	20-b.	r. des F. st. Marcel.	rue Mouffetard. 1-10.	12
Rempart (du)	7-c.	rue st. Honoré.	rue Richelieu. 11-6.	2
Rempart (Basse-du-).	6-b.	r. du Mont-Blanc.	Temple de la Gloire. -88.	1
Rempart (du Ch. du-).	6-b.	b. de la Madeleine.	rue de Surène. 3-.	1
Renard (du)	7-d.	rue st. Denis.	rue des Deux-Portes. 9-12.	5
Renard (du)	12-b.	rue N. st. Médéric.	rue de la Verrerie. 11-10.	7
Renaud-Lefevre.	12-b.	place Baudoyer.	marché st. Jean. 5-6.	9
Reposoir (du Petit-).	7-c.	r. des V. Augustins.	place des Victoires. 9-6.	3
Reuilly (de).	19-d.	carref. de Reuilly.	barr. de Reuilly. 117-72.	8
Reuilly (Petite r. de).	19-a.	rue de Charenton.	rue de Reuilly. 11-26.	8
Riboutté.	3-d.	rue Bleue.	place Montholon. -	2
Richelieu (de).	7-c.	rue st. Honoré.	boulev. Montmartre. 115-108.	2
44. Richelieu (N. de)	17-a.	place Sorbonne.	rue de la Harpe. 7-10.	11
Richepanse	6-b.	rue st. Honoré.	rue Duphot. 1-2.	1
Richer.	3-d.	rue du F. Poisonn.	r. du F. Montmartre. 29-36	2
Rivoli (de)	6-d.	rue st. Nicaise.	rue st. Florentin. -58.	1

Rues.		Tenans.	Aboutissans.	Arr.
Robert (Jean.) . . .	7-d.	rue Transnonain.	rue st. Martin. 27-28. . . .	6
Roch (st.)	7-b.	rue Poisonnière.	rue du Gros-Chenet 7-22.	3
Roch (N. st.) . . .	6-b.	rue st. Honoré.	rue N. des P. Champs. 51-36.	2
Rochechouart. . . .	3-b.	rue Montholon.	barr. Rochechouart. 67-54. .	2
Rochefoucault (de la)	3-a.	rue st. Lazare.	rue Pigale. 19-22. .	2
Rocher (du)	2-d.	rue de la Pépinière.	barr. de Mouceaux. 33-38. .	1
Roi-Doré (du) . . .	13-a.	Voyez rue Dorée, depuis 1792.	8
Roi-de-Sicile (du) . .	13-a.	rue des Ballets.	vieille rue du Temple. 43-58.	7
Romain (st.)	16-a.	rue de Sèvres.	rue du P. Vaugirard. 17-8- 10.	
Roquépine.	2-c.	rue d'Astorg.	rue de la Ville-l'Evêque. 7-14	1
Roquette (de la) . . .	13-b.	place de la Bastille.	rue de la Muette. 109-106. .	8
Rosiers (des)	13-a.	rue des Juifs.	vieille rue du Temple. 35-48.	7
Roule (du)	12-a.	rue Béthisy.	rue st. Honoré. 23-22. . . .	4
Roule (du Fg. du) . .	1-d.	rue de la Pépinière.	barrière du Roule. 83-110. .	1
Rousseau (J.-J.) . .	7-c.	rue Coquillière.	rue Montmartre. 23-30- . .	3
Rousselet	11-c.	rue Plumet.	rue de Sèvres. 33-10	10
Rousselet	6-a.	allée des Veuves.	rue Montaigne. -6.	1
Royale	7-d.	r. du M. st. Martin.	rue st. Martin. 31-32. . . .	6

S

Sabin (st.)	13-b.	rue d'Aval.	rue du Chemin-Vert. 5-20.	8
Sabot (du)	11-d.	petite r. Taranne.	rue du Four. 5-8.	10
Saintonge (de) . . .	8-c.	rue de Bretagne.	boulev. du Temple. 31-44.	6
Salle-au-Comte . . .	7-d.	rue st. Magloire.	rue aux Ours. 15-20.	6
Sanhédrin (du) . . .	12-b.	place du Sanhédrin.	rue de la Tixéranderie. 1-4.	9
Sanson	8-a.	rue des Marais.	rue de Bondy. 3-	5
Santé (de la)	20-a.	rue des Bourguign.	barr. st. Jacques. 5-16. . .	12
Sarrazin (Pierre-) . .	12-c.	rue de la Harpe.	rue Hautefeuille. 15-16. . .	11
Sartine (de)	7-c.	rue de Viarmes. .	rue Coquillière. 5-8. . . .	4
Saunerie (de la) . . .	12-b.	q. de la Mégisserie.	rue st. Germ. l'Auxer. 11-10.	4
Saussayes (des) . . .	6-a.	r. du F. st. Honoré.	rue de Surène. 15-18. . . .	1
Sauveur (st.)	7-d.	rue st. Denis.	rue Montorgueil. 63-38. . .	5
Sauveur (Neuve st.) .	7-b.	rue Damiette.	rue du Petit-Carreau. 9-12.	5
Savonnerie (de la) . .	12-b.	r. st. J. la Boucherie.	rue de la Haumerie. 21-18. .	6
Savoie (de)	12-c.	rue Pavée.	rue des Gr. Augustins. 19-24.	11
Scipion (de)	17-d.	r. du Fer-à-Moulin.	rue des Fr.-Bourgeois. 13-10-	12
Sébastien (st.) . . .	8-d.	rue st. Pierre.	rue de Popincourt. 25-52- .	8
Seine (de)	12-c.	quai Malaquais.	rue de Bussy. 75-52. . . .	10
Seine (de)	18-a.	quai st. Bernard.	rue du J. des Plantes. 41-28.	12
Sentier (du)	7-b.	rue st. Roch	boulev. Poissonnière. 17-26.	3
Sépulcre (du)	11-d.	Voyez rue du Dragon, depuis 1812.	12
Serpente.	12-c.	rue de la Harpe.	rue Hautefeuille. 17-8. . .	11
Servandoni.	12-c.	pl. st. Sulpice.	rue de Vaugirard. 33-32. . .	11
Séverin (st.).	12-c.	rue st. Jacques.	rue de la Harpe. 17-30. . .	11
Sèvres (de) . . 11-d.	16-a.	c. de la Cr.-rouge.	boul. du M. Parn. 143-106.	10
Sèvres (de)	16-a.	b. du M.-Parnasse.	barrière de Sèvres. 27-20.	10
Simon-le-Franc . . .	12-b.	rue ste. Avoye.	rue du Poirier. 35-22. . .	7
Singes (des)	12-b.	r. ste. Cr. de la Bret.	rue des Bl.-Manteaux. 5-12.	7
Soly.	7-c.	r. de la Jussienne.	rue des V.-Augustins. 17-18.	3
Sorbonne (de) . . .	12-c.	rue des Mathurins.	place Sorbonne. 13-16. . .	11
Soufflot.	17-a.	place du Panthéon.	rue st. Jacques. 3-8. . . .	12
Sourdière (de la) . .	6-d.	rue st. Honoré.	rue de la Corderie. 33-38. .	2
45-Spire (st.)	7-d.	rue des Filles-Dieu.	rue ste. Foy. 5-6-	5
Stuard (Marie-). . .	7-d.	r. des Deux-Portes.	rue Montorgueil. 23-24. . .	5
Sully (de)	13-c.	rue Castex.	rue du Petit Musc, — . . .	9
Surène (de)	6-a.	r. du Ch. du Remp.	rue des Saussayes. 41-28. .	1

Rues.		Tenans.	Aboutissans.	Arr.

T

Rues.		Tenans.	Aboutissans.	Arr.
Tabletterie (de la). .	12-b.	rue st. Denis.	rue de la V. Hareng. 15-12.	4
Tacherie (de la). . .	12-b.	r. de la Coutellerie.	rue Jean Pain-Mollet. 15-16.	7
Taillepain.	12-b.	rue Brisemiche.	rue du Cloître st. Merry. 5-2.	7
Taitbout.	7-a.	boulev. des Italiens.	rue de Provence. 21-36. . .	2
Tannerie (de la). . .	12-b.	pl. de l'H.-de-Ville.	rue Planche-Mibray. 41-40.	7
Tannerie (de la Vi.·)	12-b.	rue st. Jérôme.	r. de la V. pl. aux Veaux. 1-4	7
Taranne.	11-d.	rue st. Benoît.	rue des sts. Pères. 27-20. . .	10
Taranne (Petite rue)	11-d.	rue de l'Egout.	rue du Dragon. 15-16. . . .	10
Teinturiers (des). . .	12-b.	r. de la Vannerie.	la rivière. –	7
Temple (du).	7-d.	r. des V.-Audriett.	boulev. du Temple. 139-110.	6-7
Temple (du Fg. du).	8-a.	boulev. du Temple.	barr. de Belleville. 143-128.	5-6
Temple (Vieille r. du)	12-b.	rue st. Antoine.	rue de Turenne. 147-146. .	7-8
Temple (des Fos. du).	8-c.	r. de Ménilmont.	rue du F. du Temple. 77-70.	6
Terres-Fortes (des) .	13-c.	canal de l'Ourcq.	rue Moreau –6.	8
Thérèse.	7-c.	rue Helvétius.	rue de Ventadour. 11-8. . .	2
Thévenot	7-b.	rue st. Denis.	rue du Petit-Carreau. 25-30.	5
Thibault-aux-Dez. .	12-a.	r. st. Germ.-l'Aux.	rue Boucher. 21-20.	4
Thionville (de) . . .	12-a.	q. de la Monnoie.	r. st. And. des Arts. 65-58.	10-11.
Thiroux.	2-d.	r. N. des Mathurins.	rue st. Nicolas. 13-12. . . .	1
Thomas (st.)	17-a.	rue st. Hyacinthe.	rue d'Enfer. 13-12.	11
Thomas (des F. st.).	7-a.	r. N. D. des Vict.	rue Richelieu. 23-20. . .	2-3
Thomas (d'Aquin st.)	11-b.	r. st. Dominique.	place st. Thomas d'Aquin.	10
Thomas-du-Louv. (st.)	7-c.	à démolir pour la réunion du Louv. aux Tuil. . . .	1
Thorigny	13-a.	r. du Parc-Royal.	rue st. Anastase. 7-14. . .	8
Tiquetonne	7-d.	rue Montorgueil.	rue Montmartre. 37-24. .	3
Tire-Boudin	7-d.	Voyez rue Marie-Stuart, depuis 1809.	5
Tirechape	12-a.	rue Béthisy.	rue st. Honoré. 27-28. . .	4
Tiron.	12-a.	rue st. Antoine.	rue du Roi-de-Sicile. 7-8. .	7
Tison (J.-)	12-a	r. des F. st. G. l'Aux.	rue Bailleul. 17-12- . . .	4
Tisseranderie (de la).	12-b.	r. J.-de-l'Epine.	place Baudoyer. 85-92. . .	7-9
Tonnellerie (de la). .	7-c.	à démolir en partie pour la Grande-Halle. . .	4
Touraine (de) . . .	12-c.	r. de l'Ec. de Méd.	rue de M.-le-Prince. 11-10.	11
Touraine (de) . . .	8-c.	rue du Perche.	rue de Poitou. 11-10. . . .	7
Tour (de la)	8-c.	r. des F. du Temple.	r. de la F. Méricourt. 13-16.	6
Tour-d'Auvergne (de la)	3-a.	r. de Rochechouart.	rue des Martyrs. 23-34. .	2
Tour-des-Dames (de la)	2-d.	r. de la Rochefouc.	rue Blanche.	2
Tournelle (de la) . .	12-d.	q. de la Tournelle.	rue de Bièvre. 9-18. . .	12
Tournelles (des). . .	13-a.	rue st. Antoine.	rue N. st. Gilles. 45-78. .	8
Tournon (de) . . .	12-c.	r. du Petit-Lion.	rue de Vaugirard. 33-20. .	11
Tracy (de).	7-b.	rue du Ponceau.	rue st. Denis. 13-16. . .	6
Traînée	7-c.	pointe st. Eustache.	rue du Four. 7-	3
Transnonain. . . .	7-d.	r. Gre.-st.-Lazare.	rue Au Maire. 49-44. . .	6-7
Traverse	11-c.	rue Plumet.	rue de Sèvres. 21-24. . .	10
Traversière.	7-c.	r. st. Honoré.	rue Richelieu. 43-48. . .	2
Traversière.	18-b.	quai de la Rapée.	r. du F. st. Antoine. 49-68.	8
Traversine.	17-b.	rue d'Arras.	r. de la M. ste. Gen. 25-40.	12
Triperie (du p. de la)	5-d.	à démolir pour la manufacture des Tabacs . . .	10
Triperet.	17-d.	rue de la Clef.	rue Gracieuse. 7-4. . . .	12
Trognon.	12-b.	r. de la Heaumerie.	rue d'Avignon 3-2. . . .	6
Troussevache . . .	12-b.	r. des 5 Diamans.	rue st. Denis. 29-36. . .	6
Trousée	18-b.	rue de Charenton.	marché Beauveau. 1-6. . .	8
Truanderie (Grande·)	7-d.	rue st. Denis.	rue Montorgueil. 61-60. .	5

Rues.		Tenans.	Aboutissans.	Arr.
46-Truanderie(Pet.-)	7-d.	rue Montdétour.	r. de la Gde. Truand. 15-16.	5
Trudon	6-b.	rue Boudreau.	r. N. des Mathurins. 1-8.	1
Tuerie. (de la)	12-b.	fermée des deux bouts depuis quelques années.		7
Tuileries(des Vieilles-)	16-b.	rue du Regard.	rue du P. Vaugirard. 45-44.	10
Turenne (de)	13-a.	rue de l'Echarpe.	r. des F. du Calvaire. 87-80.	8

U

Ulm (d')	17-c.	pl. du C. des Capuc.	pl. du Panthéon.	12
Université (de l')	11-b.	r. des Sts-Pères.	esplan. des Inval. 115-120.	10
Université (de l')	6-c.	esplan. des Invalid.	barr. de la Cunette 69-42.	10
Ursins (Bas. des)	12-d.	rue des Chantres.	quai Napoléon. 25-	9
47-Ursins (haute des)	12-d.	rue st. Landry.	rue Glatigny. 7-8.	9
48-Ursins (milieu des)	12-d.	quai Napoléon.	rue Haute des Ursins. 5-4	9
Ursulines (des)	17-c.	rue d'Ulm.	rue st. Jacques.	12

V

Val-de-Grâce (du)	17-c.	r. du F. st. Jacques.	rue de l'Est.	12
Vannerie (de la)	12-b.	pl. de l'H.-de-Ville.	rue Planche-Mibray. 49-52.	7
Vannes (de)	7-c.	à démolir pour la Grande-Halle. —		4
Vannes (st)	7-d.	rue st. Maur.	pl. st. Vannes. 1-4.	6
Varenne (de)	11-d.	rue du Bac.	boulev. des Invalides. 43-48.	10
50-Varennes (de)	7-c.	r. des Deux-Ecus.	rue de Viarmes. 1-2.	4
Vaugirard (de)	17-a.	r. des Fr.-Bourg.	b. du M.-Parn. 91-130.	10-11
Vaugirard (de)	16-a.	boul. du M.-Parn.	b. de Vaugirard. 45-32.	10-11
Vaugirard (du petit)	16-a.	rue Bagneux.	b. du Mont - Parn. 29-26	10
Vaugirard (du petit)	16-a.	boul. du M.-Parn.	rue de Vaugirard. 1-10.	10
Veaux (de la pl. aux)	12-b.	r. st Jacq.-la-Bouc.	rue Planche-Mibray. 19-26.	7
Vendôme (de)	8-c.	rue Charlot.	rue du Temple 25-16.	6
Vendôme (de la pl.)	6-b.	r. N. des P.-Ch.	boulev. des Italiens. 27-26.	1-2
Vents (des Quatre-)	12-c.	rue de Condé.	rue du Brave. 19-23.	11
Venise (de)	7-d.	rue st. Martin.	rue Quincampoix. 5-6	6
Ventadour.	7-a.	rue Thérèse.	r. N. des P.-Champs. 15-8.	2
Verdelet.	7-c.	rue J.-J. Rousseau.	rue Coq-Héron. —10.	3
Verderet.	7-d.	rue de la G. Truand.	rue Mauconseil. 17-14.	5
Verneuil (de)	11-b.	rue des Sts-Pères.	rue de Poitiers. 51-58.	10
Verrerie (de la)	12-b.	marché st. Jean.	rue st. Martin. 103-78.	7
Versailles (de)	17-b.	rue st. Victor.	rue Traversine. 19-18.	12
Vertbois (du)	7-b.	r. du P.-aux-Biches.	rue st. Martin. 45-40.	6
Verte (G. r.)	6-a.	r. de la V.-l'Evêq.	r. du F. st. Honoré. 17-42.	1
Verte (Pet. r.)	6-a.	r. du F. st. Honoré.	gr. rue Verte. 11-14.	1
Vertus (des)	8-c.	r. des Gravilliers.	rue Phelipeaux. 29-34.	6
Viarmes (de)	7-c.	pourtour extérieur de la Halle au Blé. 37-22.		4
Victoire (de la)	7-c.	r. du F. Montmart.	rue du Mont-Blanc. 39-58.	2
Victor (st.)	17-b.	rue Copeau.	rue de Bièvre. 169-132.	12
Victor (des Fos. st)	17-b.	rue Mouffetard.	rue st. Victor. 39-38.	12
Vierge (de la)	10-b.	r. de l'Université.	rue st. Dominique. 27-8.	10
Vignes (des)	20-b.	rue du Banquier.	boulev. de l'Hôpital. 3-10.	12
Vignes (des)	5-b.	rue de Chaillot.	avenue de Neuilly. 3-8.	1
Villedol.	7-c.	r. Richelieu.	rue Helvétius. 13-12.	2
Ville-l'Evêq.(de la)	6-a.	r. de la Madeleine.	rue de la Pépinière. 45-50.	1
Villiot.	18-d.	quai de la Rapée.	rue de Bercy. 9-4.	8
Vinaigriers (des)	8-a.	r. de Carême-Pren.	rue du F. st. Martin. 29-28.	5

Rues.		Tenans.	Aboutissans.	Arr.
Vincent-de-Paul (st).	11–b.	rue du Bac.	pl. st. Th.-d'Aquin. 5–8.	10
Vivienne.	7–a.	rue d'Arcole.	r. N. des Fill. st. Th. 23–22.	2–3
Voies (des Sept).	17–b.	rue st. Hilaire.	rue st. Et.-des-Grés. 35–26.	12
Voirie (de la).	2–c.	rue des Grésillons.	un terrain. 3–22.	1
Voirie (de la).	4–a.	rue de la Chapelle.	rue Château-Landon.	5
Voirie (de la Petite).	2–c.	rue de la Voirie.	r. de la Bienfaisance. 1–4.	1
Voirie (de la Petite).	8–d.	rue de Popincourt.	rue de Ménilmontant.	8
Voltaire (de).	12–c.	rue M.-le-Prince.	place de l'Odéon. 5–14.	11
Vosges (des).	13–c.	rue st. Antoine.	place des Vosges. 13–18.	8
Vrillière (de la).	7–c.	r. C.-des-P.-Cham.	rue de la Feuillade. 3–10.	4
51–Vrillière (p. r. de la)	7–c.	r. de la Vrillière.	place des Victoires. 3–4.	4

W

| Wertingen (de). | 12–c. | rue du Colombier. | rue N. de l'Abbaye. 9–8. | 10 |

Z

| Zacharie. | 12–c. | r. de la Huchette. | rue st. Severin. 15–20. | 11 |

RUELLES.

Avant l'inscription lapidaire de 1806, plusieurs petites rues portoient la dénomination de *ruelles*, telles que les ruelles des Trois-Maures, Hyacinthe, Simon-Finet, des Quenouilles, etc. : elles portent actuellement celle de *rues* ; et on ne compte plus dans Paris, que les ruelles ci-dessous :

Ruelles.		Tenans.	Aboutissans.	Arr.
Beauregard.	3–a.	rue des Martyrs.	les Champs.	2
Buvette (de la).	5–b.	allée des Veuves.	les Jardins.	1
Chemins (des 4).	19–c.	barr. de Marengo.	rue de Reuilly. 1–3.	8
Jardiniers (des).	18–b.	rue de Charenton.	les Jardins.	8
Lilas (des).	13–b.	p. r. st. Pierre.	les Jardins.	8
Mandé (st).	19–b.	aven. de st. Mandé.	rue de Piepus.	8
Moulin-Joly (du).	8–b.	r. des Couronnes.	les Vignes. 5–2.	6
Paillassons (des).	15–b.	avenue de Saxe.	barrière des Paillassons.	10
Pelté.	13–a.	p. r. st. Pierre.	les Jardins.	8
Planchette (de la).	19–c.	mur de clôture.	rue de Charenton. 3.	8

PASSAGES.

Passages.		Tenans.	Aboutissans.	Arr.
Aguesseau (du M. d').	6–b.	b. de la Madeleine.	rue de la Madeleine.	1
Aligre (de l'hôt. d').	7–s.	rue Bailleul.	rue st. Honoré.	4

Passages.		Tenans.	Aboutissans.	Arr
Allée (de la long.)	7-b.	rue du Ponceau.	rue Neuve st. Denis. 7	6
Ancre (de l')	7-d.	r. Bourg-l'Abbé.	rue st. Martin.	6
Antoine (de la r. du F st)	14-c.	r. du F. st. Antoine.	rue de Montreuil.	8
52-Arche st P. (de l')	12-b.	rue des Arcis.	rue de la Tacherie.	7
Aubert.	7-b.	rue st. Denis.	rue ste. Foi.	5
Arcole (de la r. d')	7-c.	rue d'Arcole.	rue Neuve-des-Petits-Champs.	2
Barnabiles (des).	12-c.	pl. du P. de Justice.	rue de la Calandre.	9
Balave (de la C.).	7-d.	rue st. Denis.	passage de Venise.	6
Beaufort.	7-d.	r. Quincampoix.	c. s. Beaufort.	6
53 - Beauvilliers.	7-c.	rue Quiberon.	rue de Richelieu.	2
Benoît (st).	11-d.	r. du Cl. st. Benoît.	rue de Sorbonne.	11
Benoît (st).	17-a.	rue st. Benoît.	place de l'Abbaye.	10
Bernardins (du Cl. des)	12-d.	rue de Pontoise.	rue des Bernardins. 11-8.	12
Billard (du).	12-d.	r. du Marché-Neuf.	rue de la Calandre. —	9
Bois de Boulogne (du)	7-b.	r. N. d'Orléans.	rue du Faub. st. Denis.	5
B.-Enf. (de la r. N des)	7-b.	r. N. des B. Enfans.	rue du Lycée.	2
54-Boucherie (de la P)	12-c.	r. N. de l'Abbaye.	rue ste. Marguerite. 7-	10
Boulainvillier (du M.)	11-b.	rue du Bac.	rue de Beaune.	10
Boule-Blanche (de la)	13-d.	r. de Charenton.	rue du Faub. st. Antoine.	8
Boule-Rouge (de la).	3-c.	r. du F. Montmart.	rue Richer.	2
Bourdonn (du c. S. des)	12-a.	c. s. des Bourdonn.	rue Tirechape.	4
55-Breton (de l'H.).	7-c.	rue Quiberon.	rue Richelieu.	2
56-Café-de-Foy (du)	7-c.	rue Quiberon.	rue Richelieu.	2
57-Café-de-Maile (du)	7-b.	rue st. Martin.	boulevart st. Martin.	6
Caire (de la F. du).	7-b.	rue st. Denis.	place du Caire.	5
Caire (de la F. du).	7-b.	rue des Fill.-Dieu.	place du Caire. 7-	5
Cendrier (du).	6-b.	r. B.-du-Rempart.	rue Neuve des Mathurins.	1
Cerf (du Grand)	7-b.	rue du Ponceau.	rue st. Denis.	5
Cerf (de l'An. Gr.)	7-d.	rue st. Denis.	rue des Deux-Portes.	5
58-Chaise (de la Pet.)	12-b.	r. Planch-Mibray.	rue st. Jac. de-la-Bouche.	7
Chantier de l'Ecu (du	6-b.	r. B.-du-Rempart.	c. s. de la F. des Math.	1
59-Chant. de Tir. (du)	2-d.	rue st. Nicolas.	rue st. Lazare.	1
60-Charost (de l'H.)	7-c.	r. des V.-Augustins.	rue Montmartre.	3
61-Chartreux (des)	7-d.	r. de la Tonnellerie.	rue Traînée.	3
Chaumont (des D. st)	7-b.	rue st. Denis.	rue du Ponceau.	6
Cholets (des).	17-a.	rue st. Jacques.	rue des Cholets.	12
Cirque Olymp. (du)	6-d.	rue st. Honoré.	rue du Mont-Thabor.	1
Cité (du Th. de la)	12-b.	r. de la Barillerie.	rue de la Vieille-Draperie.	9
Cité (du Th. de la)	12-b.	quai Desaix.	rue de la Vieille-Draperie.	9
Clos-Payen (du).	20-a.	r. du Petit-Champ.	barrière des Gobelins.	12
Cluny (de).	17-a.	place Sorbonne.	rue des Grès.	11
Coches (de la C. des)	15-a.	Voy. passage de la cour du Rétiro, depuis 1807		
Comédie (de la).	7-c.	rue st. Honoré.	rue Richelieu.	2
Commerce (du).	8-c.	rue Frépillon.	rue Phélippeaux.	6
Commerce (de la C. du)	12-c.	r. st. And. des Arts.	rue de l'Ecole de Médecine.	11
Commerce (de la C. de)	12-b.	r. st. J.-de-la-Bouc.	rue des Ecrivains.	6
62-Couronne (de la)	12-a.	r. des Bourdonnais.	rue Tirechape.	4
Croix-Blanche (de la)	7-d.	rue st. Denis.	rue Bourg-l'Abbé.	9
Croix (st).	12-b.	r. ste. Cr.-de-la-Bret.	c. s. ste. Croix. 13-10.	7
Delorme (de la G.).	6-d.	rue de Rivoli.	rue st. Honoré.	1
Désir (de).	3-d.	r. du F. st. Martin.	rue du Faubourg st. Denis.	5
Dragon (de la C. du)	11-d.	r. de l'Egout.	rue du Dragon.	10
63-Ecole (du q. de l')	12-a.	quai de l'Ecole.	rue des Prêtres. 2-	4
Ecuries (des P.)	7-b.	r. des Pet.-Ecur.	rue du Faubourg st. Denis.	3
64-Eustache (st)	7-b.	rue Montmartre.	l'Eglise. 3-	3

Passages.		Tenans.	Aboutissans.	Arr.
65-Empereur (de l').	12-b.	r. st. Denis.	rue de la Vieille-Harangerie.	
66-Etoile (de l')	7-b.	c. de s. de l'Etoile.	rue du Petit-Carreau	
Fermes (de l'H. des)	7-c.	c. à. de l'Etoile.	rue du Petit-Carreau	
Feuillans (des)	6-d.	rue de Grenelle.	rue du Boulot.	
67-Feydeau.	7-a.	r. des F.-st.-Thom.	rue Feydeau.	
Foire st Laurent (de la)	3-d.	r. du F. st. Martin.	rue du Faubourg. st. Denis.	
Fontaines (de la C. des)	7-c.	r. des B.-Enfans.	rue du Lycée. 7-6.	
F.-aux-Chiens (de la)	12-a.	Voy. passage du c. des Bourdonnais.		
Gaîté (du Th. de la)	8-a.	boulev. du Temple.	rue des Fos. du Temple.	
Genty.	18-b.	q. de la Rapée.	rue de Bercy. 5-4.	
Germain (du Mar. st)	12-c.	rue du Four.	rue du Brave.	
68-Germain-le-V. (st)	12-d.	r. du March.-Neuf.	rue de la Calandre.	
Gervais (des D. st)	13-a.	rue des Rosiers.	rue des Francs-Bourgeois.	
Grillé.	6-b.	r. B. du Rempart.	rue Neuve-des-Mathurins.	
Guillaume (st).	7-c.	rue de Richelieu.	rue Traversière.	
Halle à la Viande (de la)	7-d.	à démolir pour la place de la Grande-Halle.		
Honoré (du cl. st).	7-c.	r. C. des P.-Cham.	rue des Bons-Enfans.	
69-Hyacinthe (st).	17-a.	rue st. Hyacinthe.	rue st. Thomas.	
70-Inn. (du Char. des)	12-b.	rue st. Denis.	rue de la Lingerie.	
71-Jacq. de la B. (st.)	12-b.	r. st. J.-la-Bouch.	place st. Jacq. de la Boucherie.	
Jacques de l'Hôp. (st.)	7-d.	rue Mauconseil.	rue du Cygne.	
Jacobins (des)	17-a.	Voyez rue des Grés, depuis l'inscription de 1806		
Jean-de-Latran (de st.)	17-a.	place Cambray.	rue st. Jean de Beauvais.	
Jérusalem (du c. s. de)	12-d.	r. N. N.-Dame.	c. s. de Jérusalem.	
Jeu-de-Paume (du)	8-c.	rue de Vendôme.	boulevart du Temple.	
Jeu-de-Paume (du)	12-a.	rue Mazarine.	rue de Seine.	
Juge-de-Paix (du).	12-c.	Voyez passage de la rue des Quatre-Vents.		
72-Jussienne (de ste.).	7-c.	r. de la Jussienne.	rue Montmartre.	
Justice (du Palais de)	12-a.	rue de Harlay.	place du Palais de Justice.	
Lamoignon (de la c.).	12-a.	quai de l'Horloge.	rue de Harlay.	
Lemoine.	7-b.	rue st. Denis.	pas. de la Longue-Allée	
Louvre (de la c. du).	7-b.	Quatre arcades y livrent passage au public.		
73-Lycée (du)	7-c.	r. des B.-Enfans.	rue du Lycée.	
74-Madeleine (de la)	12-d.	rue de la Juiverie.	rue de la Licorne. 1-2.	
Magloire (st.)	7-d.	rue st. Denis.	c. s. st. Magloire.	
Manège (du)	16-b.	r. des V. Tuileries.	rue de Vaugirard.	
Maire (de la rue du)	7-d.	rue Au Maire.	rue Bailly.	
75-Marchand	7-c.	rue st. Honoré.	cloître st. Honoré.	
76-Marché-N. (du)	12-d.	r. du Marché Neuf.	rue de la Calandre.	
Marie (ste)	11-b.	rue du Bac.	rue de Grenelle.	
Marine (du c. ste.).	12-d.	r. du Cl. N.-Dame.	c. s. ste. Marine.	
Marmite (de la).	8-c.	Voyez passage du Commerce, dep. l'insc. de 1806.		
77-Martin (de l'Ab. s.)	7-d.	rue st. Martin.	rue Royale.	
Messageries (des)	7-a.	r. N. D.-des-Vict.	c. s. st. Pierre.	
Miracles (de la c. des)	7-b.	rue Damiette.	c. de s. de l'Etoile.	
Miracles (de la c. des)	13-c.	r. des Tournelles.	rue Jean-Beausire.	
78-Moineaux (des)	6-d.	r. des Moineaux.	rue d'Argenteuil.	
Molière (de)	7-d.	rue st. Martin.	rue Quincampoix.	
Mont-de-Piété (du)	12-b.	r. des Blancs-Mant.	rue de Paradis.	
Montesquieu (des Gal.)	7-c.	cl. st. Honoré.	rue Montesquieu.	
Montreuil (de la r. de)	14-c.	r. du F. st. Antoine.	rue de Montreuil.	
Noir.	7-c.	r. N. des B.-Enfans.	rue du Lycée.	
Orme (de la c. de l')	13-c.	place de la Bastille.	rue Neuve de la Ceriseraie.	
Ouest (de l').	16-b.	rue de l'Ouest.	rue N. N.-D.-des-Champs.	
Panier-Fleuri (du).	10-a.	Voy. passage du c. de s. des Bourdonnais.		

4

Passages.		Tenans.	Aboutissans.	Arr.
Panier-Fleuri (du)	12-c.	c. s. des Quat.-V.	rue des Boucheries.	11
Panoramas (des)	7-a.	rue st. Marc.	boulevart Montmartre.	2
Patriarches (du M. des)	17-d.	rue d'Orléans.	rue Mousfetard.	12
Payen (du Clos.)	20-c.	r. du P.-Champ.	barrière des Gobelins.	12
79-Péron (du)	7-c.	rue d'Arcole.	Palais-Royal.	2
Perès (des Pet.-)	7-c.	r. N. des F.-Champs.	rue N.-D.-des-Vict. 11-14.	3
Philippe (st.)	2-c.	r. du F. st. Honoré.	rue de Courcelles.	1
Pierre (st.)	13-c.	rue st. Antoine.	rue st. Paul. 15-	9
Pompe-à-Feu (de la)	5-c.	quai Billy.	rue de Chaillot.	1
80-Prix-Fixe (du)	7-c.	rue Richelieu.	rue Quiberon.	2
81-Quinze-Vingts (des)	7-c.	rue st. Honoré.	rue st. Louis.	1
82-Radziwill	7-c.	r. N. des B.-Enfans.	rue du Lycée.	2
83-Reine d'H. (de la)	7-d.	rue Montorgueil.	rue Montmartre.	3
Retiro (de la c. du)	6-a.	r. du F. st. Honoré.	rue de Suresne.	1
Réunion (de la)	7-d.	rue st. Martin.	rue du Maure. 11-12.	7
Rohan (de la c. de)	12-c.	c. du Commerce.	c. de s. de la Cour de Rohan.	11
Roch (st.)	6-d.	rue st. Honoré.	rue d'Argenteuil.	1
Romé (de)	7-d.	r. des Gravilliers.	passage du Commerce.	6
Rome (du c. s. de)	7-d.	rue Frépillon.	passage de Rome.	6
Saumon (du)	7-c.	rue Montorgueil.	rue Montmartre.	3
Saunier.	3-c.	rue Richer.	rue Bleue.	2
Severin (st.)	12-c.	rue des Prêtres.	rue de la Parcheminerie.	11
Soleil d'Or (du)	2-d.	r. de la Pépinière.	rue du Rocher.	1
84-Tachou (de l'H.)	12-c.	rue du M.-Neuf.	rue de la Calandre.	9
Treille (de la)	12-c.	marché st. Germ.	rue des Boucheries.	11
Treille (du c. s. de la)	12-a.	rue Chilpéric.	r. des F. st. Germ. l'Aux. 7-8.	4
Trinité (de la)	7-d.	rue st. Denis.	rue Greneta.	6
85-Variétés (des)	7-b.	rue st. Honoré.	Palais-Royal.	2
Vaudeville (du)	7-c.	à démolir pour la réunion du Louvre aux T.		1
86-Vendeuil (de l'Ac. de)	11-d.	pl. st. Sulpice.	rue du Vieux-Colombier.	11
Venise (du c. de s. de)	7-d.	c. s. de Venise.	Cour Batave.	6
Vents (de la r. des 4-)	12-c.	r. des Boucheries.	rue des Quatre-Vents.	11
Vigan (du)	7-c.	r. des V.-August.	rue des Fossés-Montmartre.	3
Ville-l'Ev. (des D. de la)	6-b.	rue de Surène.	rue de l'Arcade.	1
Virginie (de)	7-c.	actuellement condamné.		
87-Wasinghton.	7-c.	rue de la Biblioth.	rue du Chantre.	4
Wauxhall (du)	8-a.	*Voyez* r. Samson, depuis l'inscrip. des r. de 1806.		5
88-Zacharie (de la r.)	12-c.	rue Zacharie.	rue st. Severin.	11

QUAIS.

Quais.		Tenans.	Aboutissans.	Arr.
Alençon (d')	12-d.	r. des Deux-Ponts.	rue Blanche-de-Castille. 53-	9
Anjou (d')	13-c.	r. Blanc. de Castille.	rue des Deux-Ponts. 37-	9
Archevêché (de l')	12-d.	pont de la Cité.	Pont-au-Double.	9
Augustins (des)	12-a.	pont Saint-Michel.	pont Neuf. -63	11
Bernard (st.)	18-a.	pont d'Austerlitz.	rue des Foss. st. Bernard. 87-	12
Béthune (de)	13-c.	r. Blanc. de Castille.	pont de la Tournelle. -28	9
Bignon	12-d.	Petit-Pont.	pont Saint-Michel.	11
Billy (de)	5-d.	Allée des Veuves.	barrière de Passy. -72	1

Quais.		Tenans.	Aboutissans.	Arr.
Bonaparte	11-b.	pont Royal.	place de la Concorde. 85.-	10
Célestins (des)	13-c.	rue du Petit-Musc.	rue st. Paul. -30.	9
Conférence (de la)	6-a.	pl. de la Concorde.	allée des Veuves. -	1
Desaix	12-c.	pont Notre-Dame.	pont au Change. -	9
Ecole (de l')	12-a.	pont Neuf.	place Iéna. -34	4
Féraille (de la)	12-b.	Voyez quai de la Mégisserie, dep. l'insc. de 1808.		4
Gèvres (de)	12-b.	pont Notre-Dame.	pont au Change. -34.	7
Grève (de la)	12-b.	r. Geoffroy-l'Asn.	pl. de l'Hôtel-de-Ville. -88.	7
Hôpital (de l')	18-c.	barrière de la Garre.	pont d'Austerlitz. 41-	12
Horloge (de l')	12-a.	pont au Change.	pont Neuf. 81-	11
Invalides (des)	6-c.	pont de la Concorde.	pont Iéna. -	10
Louvre (du)	12-a.	place Iéna.	Arcade du Musée Napoléon. 1-4	
Malaquais	12-a.	rue de Seine.	rue des Saints-Pères. 23-	10
Mégisserie (de la)	12-b.	pont au Change.	pont Neuf. -84.	4
Monnaie (de la)	12-a.	pont Neuf.	pont des Arts. 23-	10
Montébello	12-d.	pont au Double.	quai de la Tournelle. -	12
Morland	18-a.	pont d'Austerlitz.	pont Grammont. -	9
Napoléon	12-d.	pont de la Cité.	pont Notre-Dame. 25-	9
Orfèvres (des)	12-a.	pont Saint-Michel.	pont Neuf. -76.	11
Orléans (d')	12-d.	pont de la Tournelle.	pont de la Cité. -34.	9
Ormes (des)	12-d.	rue de l'Etoile.	rue Geoffroy-l'Asnier. -78.	9
Paul (st.)	13-c.	rue st. Paul.	rue de l'Etoile. -22.	9
Pelletier	12-b.	pl. de l'H.-de-Ville.	pont Notre-Dame. -44	7
Râpée (de la)	18-d.	barrière de la Rapée.	pont d'Austerlitz. 83-	8
Tuileries (des)	6-d.	arcade du Musée.	pont de la Concorde.	1
Tournelle (de la)	12-d.	rue de la Tournelle.	r. des Fossés st. Bernard. 47-	12
Voltaire	11-b.	r. des Saints-Pères.	rue du Bac. 27-	10

BOULEVARTS.

Boulevarts.		Tenans.	Aboutissans.	Arr.
Antoine (st.)	13-a.	place de la Bastille.	rue du Pont-aux-Choux. 85-	8
Bourdon	13-c.	quai Morland.	rue st. Antoine. -	9
Bonne-Nouvelle (de)	7-b.	rue st. Denis.	rue Poissonnière. 41-12.	3-5
Calvaire (des F. du)	8-c.	r. du Pont-aux-Ch.	rue des F. du Calvaire. 19-	8
Capucines (des)	6-b.	r. de la pl. Vendôme.	r. Neuve des Capucines. 15-	1
Denis (st.)	7-b.	porte st. Martin	porte st. Denis. 19-	6
Enfer (d')	16-d.	boul. du M.-Parn.	bar. d'Enfer. 9-8.	11-12
Gobelins (des)	20-d.	barrière d'Italie.	barrière de Lourcine.	12
Hôpital (de l')	18-c.	place Walhubert.	barrière d'Italie. 11-50.	12
Invalides (des)	11-a.	rue de Grenelle.	rue de Sèvres. 31-18.	10
Italiens (des)	7-a.	rue Richelieu.	r. de la pl. Vendôme. 27-28.	2
Jacques (st.)	20-a.	b. de l'Oursine.	barrière d'Enfer. 5-16.	12
Madeleine (de la)	6-b.	rue N. du Luxemb.	rue st. Honoré. 27-16.	1
Martin (st.)	8-a.	rue du Temple.	rue st. Martin. 57-20.	5-6
Montmartre	7-a.	rue Montmartre.	rue Richelieu. 9-16.	2
Mont-Parnasse (de)	16-a.	rue de Sèvres.	rue d'Enfer. 83-38.	11
Poissonnière	7-b.	rue Poissonnière.	rue Montmartre. 31-22.	2-3
Temple (du)	8-c.	r. des FF. du Calv.	rue du Temple. 51-90.	6

PLACES.

Places.		Adjacens.	Adjacens.	Art.
André-des-Arts (st.)	12-c.	r. st. And.-des-Arts.	rue Hautefeuille. 15-	11
Angoulême (d')	8-c.	fait partie de la rue d'Angoul. par ses nos 24, 26, 28.		6
Ariane	7-d.	fondue dans les r. de la G. et P. Truanderie.		5
Austerlitz	12-a.	le Musée Napoléon,	la Chapelle impériale.	4
Bastille (de la)	13-c.	b. st. Antoine.	boulevard Bourdon. -	9
Baudoyer	12-b.	rue du Pourtour.	rue st. Antoine. 9-6.	7-9
Beauveau	6-a.	f. p. de la r. du F. st. Hon., par ses nos 86 à 92.		1
Beauveau (du Marc.)	18-b.	rue d'Aligre.	rue Lenoir. 13-12.	8
Benoît (du Cl. st.)	12-c.	f. partie de la r. du c. st. Benoît par ses nos 13 à 21.		11
Breteuil (de)	16-a.	avenue de Breteuil.	avenue de Saxe. -	10
Caire (du)	7-b.	rue d'Aboukir.	rue du Caire. -4.	5
Cambrai	17-a.	rue st. Jacques.	rue st. Jean de Latran. 9-14.	12
Capucins (du Ch. des)	17-c.	rue des Capucins.	rue des Bourguignons. -	12
Carrousel (du)	6-d.	galeries du Louvre.	cour du Pal. des Tuileries.	1
Catherine (du M. ste.)	13-a.	rue d'Ormesson.	rue Caron. 9-8.	8
Champ-de-Mars (du)	10-c.	q. de l'Université.	avenue de Lamotte-Piquet.	10
Champs-Elysées (des)	6-c.	pl. de la Concorde.	allée des Veuves.	1
Châtelet (du)	12-b.	q. de la Mégisserie.	rue st. Denis. 3-22.	4-7
Chev.-du-Guet (du)	12-b.	r. du Chev.-du-G.	rue Per.-Gasselin. 5-8.	4
Chevaux (du M. aux)	18-c.	r. du Mar. aux Chev.	boul. de l'Hôpital.	12
Collégiale (de la)	20-b.	r. des F.-Bourgeois.	rue Pierre Lombart. -	12
Colonnade (de la)	12-a.	Voyez place Iéna, depuis l'inscription de 1806.		4
Concorde (de la)	6-c.	les Tuileries.	les Champs-Elysées.	1
Corps-Législatif (du)	11-a.	rue de l'Université.	av. lles nos de c. rue. -93 à 101.	10
Croix (ste.)	2-d.	fait partie de la rue ste Croix par son numérotage.		1
Dupleix	10-b.	rue Dupleix.	château de Grenelle. 9-8.	10
89-Ecole (de l')	12-a.	quai de l'Ecole.	rue de l'Arbre-Sec. 5-8.	4
Enfans-R. (du M. des)	8-c.	rue de Bretagne.	rue de Berry. 7-4.	7
Estrapade (de l')	17-a.	r. des Fos.-st.-Jacq.	rue des Postes. 1-	12
Etoile (de l')	6-a.	avenue de Neuilly.	allée des Veuves.	1
Eustache (de la P. st.)	7-d.	rue Montmartre.	rue de la Tonnellerie. 15-12.	3-5
Fénelon.	12-d.	rue du Cloître.	rue de Bossuet. 9-	9
Fidélité (de la)	3-d.	rue de la Fidélité.	église st. Laurent. -	5
Fontenoy (de)	10-d.	avenue de Lowendal.	quart. Napoléon. 39-22.	10
Fourcy (de)	17-b.	fait partie des rues adjacentes par son inscription.		12
90-Gastine	12-b.	rue st. Denis.	rue des Lombards. -	4
Germain-l'Aux. (st.)	12-a.	rue des Prêtres.	rue Chilpéric. -	4
Germain-des-P. (st.)	11-d.	rue Bonaparte.	église st. Germain-des-Prés.	10
Grenelle (de)	10-c.	Voyez place Dupleix, depuis l'inscrip. de 1806.		10
Grève (de)	12-b.	Voyez p. de l'Hôt.-de-V., depuis l'ins. de 1806.		7-9
Halle (du Car. de la)	7-d.	doit être fondue dans la place de la Gr.-Halle.		4
Hôpital (de l')	18-c.	rue Poliveau.	hôp. de la Salpêtrière. -	12
Hôtel-de-Ville (de l')	12-b.	quai Pelletier.	rue du Mouton. 39-10.	7-9
Iéna (d')	12-a.	quai de l'Ecole.	rue des Poulies. -24.	4
Innocens (du M. des)	6-b.	rue st. Denis.	rue de la Lingerie. 25-50.	4
Invalides (des)	11-a.	hôtel des Invalides.	Esplanade des Invalides.	10
Inval. (de l'Espl. des)	11-a.	rue d'Austerlitz.	rue d'Iéna. -	10
Italiens (des)	7-a.	rue Marivaux.	rue Favart. -	8

Places.		Adjacens.	Adjacens.	Arr.
Jacobins (du M. des).	6-b.	r. du Marché des J.	rue st. Honoré, –	2
Jacq. de la Bouc. (st.)	12-b.	Voyez cour du Commerce, depuis 1809.		6
Jean (du M. st.).	12-b.	rue Regnault-Lef.	rue de la Verrerie, 37–24.	7
Marcel (st.).	20-b.	Voyez place de la Collégiale, depuis 1806.		12
Marengo.	7-c.	rue du Coq.	palais du Louvre. –6	4
Marguerite, (ste)	12-c.	fait partie de la rue ste. Marguerite, par son insc.		10
Marguerite (ste)	13-d.	rue st. Bernard.	église ste. Marguerite.	8
Maries (des Trois-).	12-a.	quai de l'Ecole.	r. st. Germain-l'Aux. 7–6.	4
Martin (du M. st.).	7-d.	rue de la Croix.	Conserv. des Arts et Mét.	6
Martin (de l'Enc. M. st)	7-d.	r. du Marché-st.-M.	rue Royale. 15–18.	6
Maubert.	12-d.	rue de la Bûcherie.	rue des Noyers. 51–46.	12
Mexas.	18-a.	doit être fondue dans le Jardin d'Austerlitz.		8
Médecine (de l'Ec. de)	12-c.	r. de l'Ecole de Méd.	rue de l'Observance. –4.	11
Michel (st.)	17-a.	rue de la Harpe.	rue d'Enfer. –6.	11
Michel (du Pt. st.)	12-c.	pont st. Michel.	r. st. André-des-Arts. –	11
Montholon.	3-d.	fait p. de la r. Montholon, par son inscription.		2
Nicolas-des-Ch. (st.).	7-d.	rue au Maire.	rue st. Martin. 1–4.	6
Odéon (de).	12-c.	rue de l'Odéon.	théâtre de l'Odéon. 5–4.	11
91-Opportune (ste.)	12-b.	rue des Fourreurs.	rue Courtalon. 3–10.	4
Palais-Royal (du).	7-c.	rue st. Honoré.	vis-à-vis le Palais Royal. 1–4.	
Panthéon (du)	17-a.	rue Soufflot.	église ste. Génévieve. –8.	12
Parvis-N.-D. (du)	12-d.	rue Notre-Dame.	église Notre-Dame. –4.	9
Pères (des Pls-).	7-c.	fait p. du passage des Petits-Pères, par son insc.		3
Pont (du Pt-).	12-d.	fait p. de la r. du Petit-Pont, par son numérotage. 11.		12
Pont-Neuf (du)	12-a.	quai de l'Horloge.	quai des Orfèvres. –	11
Puits l'Ermite (du).	17-d.	r. du Puits-l'Erm.	rue du Battoir. –	12
Sanhédrin (du).	12-b.	rue du Monceau.	rue du Sanhédrin. 1–6.	9
Scipion.	17-d.	r. du Fer-à-Moulin.	rue Scipion. –	12
Sorbonne.	17-a.	rue Sorbonne.	rue des Maçons 3–4.	11
Sulpice (st.)	11-d.	rue des Aveugles.	rue Férou. –6	11
Thionville (de)	12-a.	rue de Harlay.	place du Pont-Neuf. 31–28.	11
Thomas-d'Aquin (st.)	11-b.	r. st. Vinc.-de-Paul.	rue st. Thomas-d'Aquin. 1–	10
Trône (du)	19-b.	r. du Fg. st. Antoine.	bar. de Vincennes. 5–10.	8
Vannes (st.).	7-d.	rue st. Vannes.	marché st. Martin. 3–6.	6
Vauban.	11-c.	avenue de Breteuil.	avenue de Tourville.	10
Vendôme.	6-b.	rue st. Honoré.	r. N. des P.-Cham. 23–26.	1-2
Victoires (des)	7-c.	r. Croix-des-P.-Ch.	r. des Fos. Montm. 9–12.	3-4
Vosges (des)	13-a.	rue des Vosges	rue de la Chaussée. 25–28.	8
Walubert.	18-a.	pont d'Austerlitz.	jardin des Plantes.	12

CARREFOURS.

La plupart de ces Carrefours ne portent point d'inscription lapidaire, parce qu'ils font partie, par leur numérotage, des rues qui viennent y aboutir. Aussi on ne trouvera écrits, sur le plan gravé, que ceux qui ont reçu une dénomination dans l'inscription officielle de 1806.

Carrefours.		Adjacens.	Adjacens.	Arr.
Batailles (des).	5-c.	rue de Chaillot.	rue des Batailles.	
Benoît (st.)	11-b.	rue ste. Marguerite.	cour du Dragon.	

Carrefours.		Adjacens.	Adjacens.	Arr.
Béthisy	12-a.	r. des Bourdonnais.	rue Béthisy.	4
Bordet (de la Porte-)	17-b.	rue Bordet.	rue Mouffetard.	12
Bussi (de)	12-c.	rue de Bussi.	rue Thionville.	10
Calvaire (des F. du) .	8-c.	r. des F. du Calvaire.	Vieille rue du Temple. 6 , 7 , 8.	
Carmes (des) . . .	12-d.	rue st. Victor.	place Maubert.	12
Cheminées (des 4-) .	7-c.	rue de l'Anglade.	rue Helvétius.	2
Clamart (de la Cr-) .	17-d.	r. du J. de Plantes.	rue Fer-à-Moulin. . . .	12
Croix-Rouge (de la).	11-d.	rue de Sèvres.	rue du Four.	10-11
Gaillon	7-d.	rue Gaillon.	rue Neuve st. Augustin. . . .	2
Guilleri	12-b.	rue de la Coutellerie.	rue Jean-Pain-Mollet. . .	7
Hippolyte (st.) . .	20-b.	rue st. Hippolyte	rue des Trois-Couronnes. .	12
Jouy (de)	12-b.	rue de Jouy.	rue st. Antoine. . . .	7-9
Limace (de la) . .	12-a.	rue de la Limace.	rue des Bourdonnais. . . .	4
Marc (st.)	7-a.	rue st. Marc.	rue Montmartre. . . .	2
Médard (st.) . . .	17-d.	rue Mouffetard.	rue de Lourcine. . . .	12
Moulins (de la b. des)	7-c.	rue des Moulins.	rue l'Evêqus. . . .	2
Odéon (de l') . . .	12-c.	rue de l'Odéon.	r. des F. s. G. des P. 13-16.	11
Orme (de l') . . .	12-b.	rue du Monceau.	église st. Gervais. . . .	9
Pères (des P.-) . .	7-c.	rue du Mail.	rue des Petits-Pères. . .	3
Pitié (de la) . . .	17-b.	rue Copeau.	rue st. Victor. . . .	12
Pologne (de la P.) .	2-d.	rue de la Pépinière.	rue de l'Arcade. . . .	1
Porcherons (des) . .	3-c.	rue st. Lazare.	rue des Martyrs. . . .	2
Reuilly (de) . . .	14-c.	rue de Reuilly.	r. du Fg. st. Antoine. . .	8
Sartine.	7-c.	rue J. J. Rousseau.	rue de Grenelle. . . .	4
Séverin (st.) . . .	12-d.	rue st. Jacques.	rue st. Séverin. . . .	11
Victor (st.) . . .	17-b.	r. des Fos.-st.-Vict.	rue des Foss. st. Bernard. .	12
Ville-l'Ev. (de la) .	6-a.	r. de la Ville-l'Evêq.	rue des Saussies. . . .	1

CULS-DE-SAC.

Culs-de-Sac.		Tenans.	Adjacens.	Arr.
Amboise (d')	12-d.	place Maubert.	v.-à-v. la r. de la Bûch. 1-2.	12
Anglais (des) . . .	7-d.	rue Beaubourg.	près la rue du Maure. -	7
Argençon (d') . . .	12-b.	vieille rue du Temp.	près la r. du roi de Sicile. -	7
Argenteuil (d') . .	2-d.	rue st. Lazare.	près la rue du Rocher. 5-14.	1
Audrelas (d') . . .	20-b.	rue Mouffetard.	près la r. P. Lombard. 1-2.	12
Aumont (d')	12-d.	r. de la Mortellerie.	près la r. Geof.-l'Asnier. -	9
Avoine (Longue) . .	20-a.	r. du Fg. st. Jacques.	près la rue Leclerc. 3-8.	12
Babillards (des) . .	7-b.	r. Basse P. st. Denis.	près le boul. de B.-Nouv. -6.	3
Baisfour	7-d.	rue st. Denis.	près la r. Guérin-Boiss. 5-4.	6
92-*Bastille (de la P.)*	12-a.	rue de l'Arbre-Sec.	près la r. des F. st. Ger. 3-2.	4
Baudin	2-d.	rue st. Lazare.	près la rue du Rocher. -	1
93-*Baudroyrie.* . . .	12-b.	r. de la Corroierie.	près la rue Beaubourg. 3-	7
Beaufort.	7-d.	passage Beaufort.	près la r. Salle-au-Com. 1-4.	6
Beausire (Jean-) . .	13-c.	rue Jean-Beausire.	près le boulev. st. Antoine. -	8
Benoit (st.) . . .	12-b.	rue de la Tacherie.	près la r. de la Coutellerie. -	7
Bernard (st.) . . .	14-c.	rue st. Bernard.	près la rue st. Antoine. -	8
Berthaud.	7-d.	rue Beaubourg.	près la r. des P. Champs. 5-22.	7
Bizet	2-d.	rue st. Lazare.	près la rue du Rocher. -	1
Blanchisseuses (des)	5-b.	r. des Blanchisseuses.	près la rue des Gourdes. 5-	1

Culs-de-Sac.		Tenans.	'Adjacens.	Arr:
Bœuf (du)	12-b.	rue N. st. Médéric.	près la rue ste. Avoye. .	7
94-Bœufs (des) . .	17-b.	rue des Sept-Voies.	près la rue des Carmes, 3-4.	12
Bon-Puits. . .	17-b.	rue Traversière.	près la r. du Bon-Puits. - .	12
Boule-Rouge (de) . .	3-c.	r. du Fg. Montmart.	près la rue Richer. .	2
Bourdonnais (des) . .	12-a.	r. des Bourdonnais.	près la r. de la Limace. 5-8.	4
Bouteille (de la). .	7-d.	rue Montorgueil.	près la rue Tiquetone. -.	3
Bouvart.	17-b.	rue st. Hilaire,	vis-à-vis la rue d'Ecosse. -.	12
Brasserie (de la). .	7 c	rue Traversière.	près la r. de l'Anglade. 9-12.	2
Briarre (de)	3-c.	r. de Rochechouard.	près la rue Coquenard. -8 . .	2
Brutus.	3-c.	rue Coquenard.	près la rue de Buffault. 1-20.	2
Cargaisons (des). . .	12-d.	rue des Cargaisons.	près la rue de la Calendre. -	9
Carmelites (des). .	17-c.	rue st. Jacques.	près le Val-de-Grace. - . . .	12
Cassini.	20-a.	rue Cassini.	vis-à-vis la rue d'Enfer. 1-2.	12
Catherine (ste.) . .	7-b.	rue st. Denis,	vis-à-vis la rue du Ponceau.	6
Cendrier (du). .	6-b.	passage du Cendrier.	près la rue B. du Rempart. -	1
Charbonniers (des).	18-b.	r. des Charbonniers.	près la rue de Charenton. -.	8
95-Chat-Blanc (du).	12-b.	r. st. Jacq. de la B.	près la rue st. Denis. -8.	6
96-Ch. du Guet (du).	12-b.	p. du Chevalier du G.	près la rue st. Denis. 9-12.	4
97-Ches. (du M. aux).	17-d.	r. du March aux C.	près la rue du Cendrier. 7-.	1
Clairvaux (de) . . .	7-d.	rue st. Martin.	près le p. de la Réunion. 3-2.	7
Claude (st.) . . .	7-c.	rue Monmartre.	v.-à-v. la r. du Cadran. 5-4.	3
Claude (st.) . . .	13-a.	rue st. Claude.	près la rue de Turenne. -.	8
Claude (st.) . . .	18-c.	rue de Bercy.	près la rue Moreau. 11-8. . .	8
Clopin.	17-b.	rue Bordet.	vis-à-vis la r. des Prêtres. -	12
Clopin.	17-b.	rue d'Arras.	vis-à-vis la rue Clopin. -.	12
Coquerelle. . . .	13-a.	rue des Juifs.	v.-à-v. la r. des Rosiers. 7-10.	7
Corderie (de la). . .	6-b.	percé vers 1806.	Voy. rue de la Corderie. -.	2
98-Courbaton . . .	12-a.	rue de l'Arbre-Sec.	pr. la r. des F. s G. l'Aux. -	4
Croix (ste.) . . .	12-b.	rue des Billettes.	p. la r. ste. C.-de-la-Br. 3-4.	7
Delaunay	14-a.	rue de Charonne.	près la rue de la Muette. 15-6.	8
Dandrelas	20-b.	rue Mouffetard.	près la r. Pierre-Lombard. 1-2	12
Dominique (st.). . .	17-a.	rue st. Dominique.	près la rue ste. Catherine. -6.	12
Doyenné (du) . . .	12-a.	démoli pour la réunion du Louvre aux Tuil.		1
Echiquier (de l'). .	8-c.	rue du Temple.	près la rue Pastourelle. 3-2.	7
Egout (de l'). . .	7-b.	r. du Fg. st. Martin.	près la porte st. Martin. -6.	5
Etienne (st.). . .	17-b.	r. de la Mont. ste. Genev., mais actuellement fermé.		12
Etoile (de l'). . .	7-b.	rue Thévenot.	p. la cour des Miracles. 11-8.	5
Etoile (de l'). . .	11-a.	rue st. Dominique.	Esplan. des Invalides. 1-10.	10
99-Etuves (des). . .	12-b.	rue Marivaux.	près la rue des Lombards.	6
Eustache (st.) . . .	7-c.	Voyez passage st. Eustache		3
Faron (st.) . . .	12-b.	r. de la Tixéranderie.	p. la r. des Mauv. Garç. 7-4.	7
Férou	11-d.	rue Férou.	p. la place st. Sulpice. 7-10.	11
Feuillantines (des) .	17-c.	doit être percé et aboutir à la rue d'Ulm.		12
Fiacre (st.) . . .	12-b.	rue st. Martin.	près la rue Ogniard.	6
Filles-Dieu (des) . .	7-b.	r. Basse-p.-s.-Denis.	près la rue Hauteville. 3-4.	3
Forge-Royale (de la).	13-d.	r. du Fg. st. Antoine.	p. la r. ste. Marguerite. 7-6.	8
Fourcy (du) . . .	13-c.	rue de Jouy.	près la rue de Fourcy. 1-2.	9
Frères (des Trois-). .	18-b.	rue Traversière.	près la rue de Charenton. 1-6.	8
Grenelle (de). . .	10-b.	rue de Grenelle.	près la r. de la Comète. 9-10.	10
100-Grenela . . .	7-d.	rue du Commerce.	enclos de la Trinité. . .	6
Grosse-Tête (de la).	7-b.	rue st. Spire.	pr. la Foire du Caire. 13-10.	5
Guépine . . .	12-b.	rue de Jouy.	près la r. Geoffr.-l'Asn. 5-6.	9
Guémené. . . .	13-c.	rue st. Antoine.	près la pl. des Vosges. 13-10.	8
Hautefort (d') . . .	20-a.	r. des Bourguignons.	près la rue de Lourcine . . .	12
Heaumerie (de la) .	12-b.	r. de la Heaumerie.	vis-à-vis la r. Trognon. 1-2.	6

Culs-de-Sac.		Tenans.	Adjacens.	Arr.
101-Hospitaliers (des)	13-d.	rue de la Chaussée.	vis-à-vis la rue du Foin, 1-4.	8
Hyacinthe (st.)	6-d.	percé vers 1797.	Voyez rue st. Hyacinthe . .	2
Jardiniers (des) . . .	13-a.	rue Amelot.	près la petite rue st. Pierre ,	8
102-Jérusalem (de). .	12-d.	rue st. Christophe.	près la r. de la Licorne, -4.	9
103-Landry (st.) . . .	12-d.	r. du Chevet-s.-Lan.	près le quai Napoléon.	
Lard (au)	7-d.	rue Lenoir.	près la rue au Lard, 3-2, . . .	4
Laurent (st.)	7-b.	r. B.-p.-st.-Denis.	près le b. de B. Nouv. 3-6.	3
Lazare (st.)	3-b.	r. du Fg. st. Denis.	près la rue st. Laurent, -4.	5
Louis (st.)	8-a.	r. de Carême-Pren.	près la r. des Vinaigriers, -14.	5
Louis (st.)	13-a.	rue st. Paul.	près la rue st. Antoine.	
Magloire (st.) . . .	7-d.	rue st. Magloire.	vis-à-vis la r. Salle-au-C. 7-2.	6
104-Marais-Rouges (des)	4-c.	rue des Récollets.	pr. la r. de l'Hôp. st. Louis.	5
Marine (ste) . . .	12-d.	r. st. P.-aux-Bœufs.	vis-à-vis la rue Cocatrix. 1-8.	9
105-Martial (st.) . .	12-d.	rue st. Eloy.	pr. la r. de la V. Draper. 7-8.	9
106-Martin (st.) . .	7-d.	rue Royale.	cour st. Martin, 1-2.	8
Mathur. (de la F. des)	2-d.	r. N. des Mathurins.	p. la r. de la F. des Mat. 11-8.	1
Manconseil. . . .	7-d.	rue st. Denis.	près la rue st. Sauveur. . . .	5
Michel (du gr. st.).	4-c.	r. du Fg. st. Martin.	près la rue des Morts, 9-2. .	5
Monnaie (de la) . .	12-a.	quai de la Monnaie.	derrière l'h. de la Monn. 3-2.	10
Mont-Parnasse (du)	16-b.	boul. du Mont-Parn.	près la r. du Mont-Parnasse.	11
Mont-Tabord (du) .	6-d.	rue Castiglione.	v.-à-v. de la r. du Mont-Tabor.	1
Morlaix. . . .	4-c.	rue des Morts.	près la r. du Fg. st. Martin. -6.	6
Mortagne	13-d.	rue de Charonne.	près la r. ste. Marguerite, 3-4.	8
Nevers (de) . . .	12-a.	rue d'Anjou.	vis-à-vis la rue de Nevers. .	10
107-Nicolas (st.) . .	7-d.	rue Royale.	près la cour st. Mart. 4. . .	5
Opportune (ste) . .	12-b.	fait p. de la r. de l'Aiguillerie, par son inscription.		4
Paon (du)	12-c.	rue du Paon.	près la rue du Jardinet. 7-12.	11
Pecquay.	12-b.	r. des Bl.-Manteaux.	près la rue du Chaume 9-6. .	7
Peintres (des) . . .	7-d.	rue st. Denis.	près la rue aux Ours. 7-8.	8
Pierre (st.)	7-a.	rue Montmartre.	près l'h. des Messageries. 3-6.	3
Pierre (st.)	13-a.	rue st. Pierre.	près la rue N. st. Gilles. -6.	8
Planchette (de la) .	7-b.	rue st. Martin.	près la rue Meslai. 3-2	6
Plumet	11-c.	rue des Brodeurs.	vis-à-vis la rue Plumet. 3-2.	10
Poissonnerie (de la)	13-a.	rue Jarente.	près le marché ste. Catherine.	8
Pompe (de la) . . .	7-b.	rue de Bondy.	près la porte st. Martin. 13-22.	5
Projetée (de la r.) .	2-d.	r. N. des Mathurins.	près la rue Gaumartin. . .	1
Pont-aux-Biches (du)	8-a.	actuellement fermé.	vis-à-vis la r. du Pont-aux-B.	6
Prêtres St. Nic. (des)	7-d.	rue st. Martin.	vis-à-vis la r. Grénéta. .	6
Provenceaux (des) .	12-a.	rue de l'Arbre-Sec.	derrière st. Germ. l'Aux. 7-2.	4
Puits (du Bon) . .	17-b.	rue Traversine.	vis-à-vis la rue du B. Puits. -12	12
Putigneux	12-d.	r. Geoffroy-l'Asn.	p. la r. de la Mortel. 11-14.	9
Réservoirs (des) . .	5-a.	rue de Chaillot.	vis-à-vis le p. de la Pompe. -1	1
Reuilly (de) . . .	19-a.	pet. rue de Reuilly.	près la rue Charenton. 9-1.	8
Rohan (de la C. de)	12-c.	rue de l'Eperon.	vis-à-vis la r. du Jard. 3-4.	11
108-Rolin-Prend-Gage,	12-b.	rue des Lavandières.	près la r. des Fourreurs. 3-10.	4
Rome (de)	7-d.	rue Prépillon.	vis-à-vis la r. Aumaire. 5-.	6
Roquette (de la) . .	13-b.	rue de la Roquette.	près la rue de Basfroid. 7-12.	8
Sabin (st.)	8-d.	rue st. Sabin.	près la rue de la Roquette. 7-8	8
Salembrière . . .	12-c.	rue st. Séverin.	vis-à-vis l'église st. Séverin.	11
Sébastien (st.) . . .	8-d.	rue st. Sébastien.	près la rue st. Pierre. 3-24.	8
109-Sœurs (des) . .	20-b.	r. des F.-Bourgeois.	près la pl. de la Collégiale. 3-12	12
110-Sourdis . . .	12-a.	r. des F. s. Ger. l'Au.	près la place d'Iéna. 3-2.	4
111-Treille (de la) .	12-a.	rue Chilpéric.	près l'égl. st. G. l'Aux. 7-8.	4
Tuileries (des V.) .	16-b.	r. des Vieilles Tuiler.	vis-à-vis la r. ste. Placide. .	10
Ursulines (des) . .	17-c.	Voyez rue des Ursulines, depuis 1811.		12

Culs-de-Sac.		Tenans.	Adjacens.	Arr.
Venise (de)	7-d.	rue Quincampoix.	vis-à-vis la r. de Venise. —	6
Vents (des Quatre-)	12-c.	r. des Quat.-Vents.	rue du Brave. 13-	11
Vert-Buisson (du)	10-b.	à démolir pour le palais de l'Université.		10
Versailles (de)	17-b.	rue Traversine;	vis-à-vis la rue de Versailles.	12
Vignes (des)	17-d.	rue des Postes.	vis-à-vis la r. du Pot-de-F. 1-2	12

COURS.

Cours.		Tenans.	Adjacens.	Arr.
Albert (d')	17-b.	rue des Sept-Voies,	près la rue des Carmes. —	12
Arsenal (de l')	13-c.	Voyez rue de Sully, depuis l'an 1811.		9
Batave	7-d.	rue st. Denis.	passage de Venise.	6
Bavière (de)	17-b.	rue Bordet, actuellement non publique.		12
Benoît (st.)	17-c.	r. des Charbonniers.	près la rue de l'Arbalètre.	8
Catherine (ste.)	7-b.	rue st. Denis.	vis-à-vis la rue du Ponceau.	5
Chapelle (de la ste.)	12-a.	rue de la Barillerie.	palais de Justice. 13-4	11
Chaumont (des D. st.)	7-b.	rue st. Denis.	rue du Ponceau	6
Cholets (des)	17-a.	rue des Cholets.	près la rue st. Et.-des-Grés.	12
Coches (des)	6-a.	Voyez cour du Retiro; depuis l'inscrip. de 1806.		1
Commerce (du)	12-a.	r. st. And.-des-Arts.	rue de l'Ecole de Médecine. —	11
Commerce (du)	6-c.	rue Phélippeaux.	près la rue des Vertus.	6
Commerce (de)	12-b.	rue des Ecrivains.	rue du Petit-Crucifix. 9-4.	6
Dragon (du)	11-d.	rue du Dragon.	carrefour st. Benoît	10
Ecuries (des Pet.-)	3-d.	r. des Petites-Ecur.	rue du Fg. st. Denis. —	3
Fontaines (des)	7-c.	rue du Lycée.	rue des Bons-Enfans. 7-6	2
François Ier (de)	7-b.	rue st. Denis.	rue du Ponceau. —	6
Guillaume (st.)	7-c.	rue de Richelieu.	rue Traversière	2
Harlay (de)	12-a.	rue de Harlay.	palais de Justice. —	11
Henri	6-b.	rue de la Madelaine.	marché d'Aguesseau.	1
Invalides (Imp. des)		Hôtel des Invalides.	esplanade des Invalides.	10
Joseph	13-d.	rue de Charonne.	près la rue du Fg. st. Ant. —	8
Juiverie (de la)	13-d.	r. de la Contrescarpe.	près la rue de Charonne. 7-16.	8
Jussienne (de la)	7-c.	V. passage ste. Jussienne; marqué par 72 sur le plan.		3
Justice (du Palais-de-)	12-a.	place du Pal. de Just.	rue de la Barillerie.	11
Lamoignon (de)	12-a.	quai de l'Horloge.	enceinte du pal. de Just. 39—	11
Mandar	7-c.	Voyez rue Mandar, depuis l'inscrip. de 1806.		3
Manège (du)	6-d.	actuellement fondue dans la rue de Rivoli. —		1
Martin (st.)	7-d.	Voyez rue Royale, dont elle fait partie par son insc.		6
Maures (des)	7-c.	rue st. Honoré.	le Palais-Royal	2
Miracles (des)	7-b.	rue Damiette.	cul-de-sac de l'Etoile.	5
Miracles (des)	10-a.	rue de Reuilly.	près la rue Montgallet.	8
Miracles (des)	13-c.	rue des Tournelles.	rue Jean-Beausire	8
Orme (de l')	13-e.	r. N. de la Cerisaie.	près la place de la Bastille. —	9
Rome (de)	7-d.	r. des Gravilliers.	passage du Commerce. —	6
Retiro (du)	6-a.	rue st. Honoré.	r. de Surenne. —	1
Rohan (de)	12-c.	c. des, de la C. de R.	pass. de la c. du Commerce. —	11
Salpêtres (des)	13-c.	rue N. de la Cerisaie.	près le boulev. Bourdon. —	9
Sœurs (des Deux-)	13-d.	rue de Charonne.	près la rue de Lappe. —	8
Sœurs (des Deux-)	3-c.	r. du Fg. Montmart.	près la rue de Buffault. —	2
Tuileries (du Pot des)	6-d.	arc de Triomphe.	palais des Tuileries. —	1

5

ENCLOS.

Enclos.	Tenans.	Adjacens.	Arr.
Lazare (de st.) . . .	3-d. r. du F. st. Denis.	rue du Fg. Poisonnière . . .	3
Laurent (de la F. st.).	3-d. r. du F. st. Denis.	rue du Fg. st. Martin. . . .	5
Trinité (de la). . . .	7-d. rue Grenetat.	rue st. Denis.	6

CHEMINS DE RONDE.

Chemins de Ronde de la Barrière :	Tenans.	Aboutissans.	Arr.
Amandiers (des). . .	9-c. bar. des Amandiers.	barr. de Menil-Montant. . .	8
Aunay (d')	14-a. barrière d'Aunay.	barrière des Amandiers. . .	8
Bassins (des) . . .	5-a. barrière des Bassins.	barrière de Longchamp . . .	1
Belleville (de) . . .	8-b. barr. de Belleville.	barrière de la Chopinette . .	5
Bercy (de)	18-d. barrière de Bercy.	barrière de Marengo. . . .	8
Blanche	2-b. barrière Blanche.	barrière de Clichy.	2
Boyauterie (de la) .	4-d. bar. de la Boyauter.	barrière de Pantin.	5
Chopinette (de la) .	4-d. b. de la Chopinette.	barrière du Combat	5
Clichy (de)	2-b. barrière de Clichy.	barrière de Mouceaux. . . .	1
Combat (du) . . .	4-d. barrière du Combat.	barrière de la Boyauterie. .	5
Courcelles (de) . .	1-b. barr. de Courcelles.	barrière du Roule	1
Couronnes (des 3-) .	8-b. bar. des Trois-Cour.	barrière de Ramponeau . . .	6
Denis (st.)	4-a. barrière st. Denis.	barrière Poissonnière . . .	3
Ecole-Milit. (de l') .	15-b. bar. de l'Ecole-Mil.	barrière de Grenelle. . . .	10
Enfer (d')	20-a. barrière d'Enfer.	barrière du Mont-Parnasse. .	11
Fontarabie (de). . .	14-b. barr. de Fontarabie.	barrière des Rats	8
Fourneaux (des). . .	16-c. bar. des Fourneaux.	barrière de Vaugirard. . . .	11
Franklin (de) . . .	10-a. fondue dans le palais du roi de Rome. . . .		1
Grenelle (de) . . .	10-c. barrière de Grenelle.	barrière de la Cunette. . . .	10
Longchamp. (de) . .	5-c. fondue dans les jardins du roi de Rome . . .		1
Maine (du)	16-c. barrière du Maine.	barrière des Fourneaux. . .	11
Mandé (de st.) . .	19-b. barrière st. Mandé.	barrière de Vincennes. — .	8
Marengo (de) . . .	19-c. barr. de Marengo.	barrière de Reuilly.	8
Martyrs (des) . . .	3-a. barr. des Martyrs.	barrière Montmartre. . . .	2
Ménilmontant (de). .	9-a. bar. de Ménilmont.	barrière des Trois-Couronnes.	6
Montmartre	3-a. b. de Montmartre.	barrière Blanche.	2
Mont-Parnasse (du) .	16-d. barr. du Mt.-Parn.	barrière du Maine.	11
Montreuil (de) . . .	14-d. bar. de Montreuil.	barrière de Fontarabie. . .	8
Mouceaux (de) . . .	2-a. bar. de Mouceaux.	barrière de Courcelles. . . .	1
Neuilly (de)	1-c. barrière de Neuilly.	barrière des Bassins	1
Pantin (de)	4-b. barrière de Pantin.	barrière de la Villette. — .	5
Paillassons (des) . .	15-b. bar. des Paillassons.	barrière de l'Ecole Militaire. —	10
Picpus (de)	19-d. barrière de Picpus.	barrière de st. Mandé. . . .	8
Poissonnière (de) . .	3-b. barr. Poissonnière.	barrière de Rochechouart . .	2
Ramponeau (de) . .	8-b. bar. de Ramponeau.	barrière de Belleville. . . .	6

Chemins de Ronde de la Barrière :		Tenans.	Aboutissans.	Arr.
Rapée (de la)	18-d.	barr. de la Rapée.	barrière de Bercy	8
Rats (des)	14-a.	barrière des Rats.	barrière d'Aunay	8
Reuilly (de)	19-d.	barrière de Reuilly.	barrière de Picpus.	8
Rochechouart (de)	3-b.	b. de Rochechouart.	barrière des Martyrs.	1
Roule (du)	1-d.	barrière du Roule.	barrière de Neuilly	1
Sèvres (de)	16-a.	barrière de Sèvres.	barrière des Paillassons.	10
Vaugirard (de)	16-c.	bar. de Vaugirard.	barrière de Sèvres	10
Vertus (des)	4-a.	barrière des Vertus.	barrière st. Denis	5
Villette (de la)	4-a.	barr. de la Villette.	barrière des Vertus.	5
Vincennes (de)	19-b.	bar. de Vincennes.	barrière de Montreuil	8

AVENUES ET ALLÉES.

Avenues.		Tenans.	Aboutissans.	Arr.
Arsenal (de l')	13-c.	rue de Sully.	rue N. de la Cerisaie.	8
Bel-Air (du)	19-b.	avenue de st. Mandé.	place du Trône	8
Bourdonnaye (la)	10-b.	rue de l'Université.	avenue de Lamothe-Piquet.	10
Breteuil (de)	11-c.	place Vauban.	barrière de Sèvres. 9-58.	10
Champs-Elysées (des)	6-c.	Voyez avenue de Neuilly		1
Chevaux (du M. aux)	18-c.	r. du Mar.-aux-Ch.	barrière de l'Hôpital.	12
Cours-la-Reine (du)	5-d.	place de la Concorde.	allée des Veuves.	1
Lamothe-Piquet (de)	10-d.	rue de Grenelle.	murs de clôture. 10-16	10
Lowendal (de)	10-d.	avenue de Tourville.	barrière de l'Ecole-Militaire.	10
Mandé (st.)	19-b.	ruelle st. Mandé.	barrière st. Mandé.	8
Marigny (de)	6-a.	Cours-la-Reine.	rue de Marigny.	1
Maine (du)	16-a.	rue de Vaugirard.	barrière du Maine.	11
Neuilly (de)	6-c.	place de la Concorde.	barrière de Neuilly. 33-26	1
Ormeaux (des)	14-d.	place du Trône.	rue de Montreuil. 7-4	8
Pépinière (de la)	17-a.	jardin du Sénat.	place de l'Observatoire	11
Projetée	19-b.	ruelle de st. Mandé.	place du Trône.	8
Saxe (de)	10-d.	place de Fontenoy.	rue de Sèvres. 7-	10
Ségur (de)	11-d.	place Vauban.	avenue de Saxe.	10
Suffren (de)	10-d.	avenue de Lowendal.	la rivière	10
Tourville (de)	10-d.	boul. des Invalides.	avenue de Lamothe-Piquet.	10
Triomphes (des)	14-d.	place du Trône.	murs de clôture. 13-8	8
Villars (de)	11-c.	place Vauban.	boulevart des Invalides. -2	10
Vincennes (de)	19-b.	bar. de Vincennes.	place du Trône.	8

ALLÉES.

Antin (d')	6-c.	Cours-la-Reine.	avenue de Neuilly. -25	1
Veuves (des)	5-d.	Cours-la-Reine.	rue Rousselet. 41-6	1

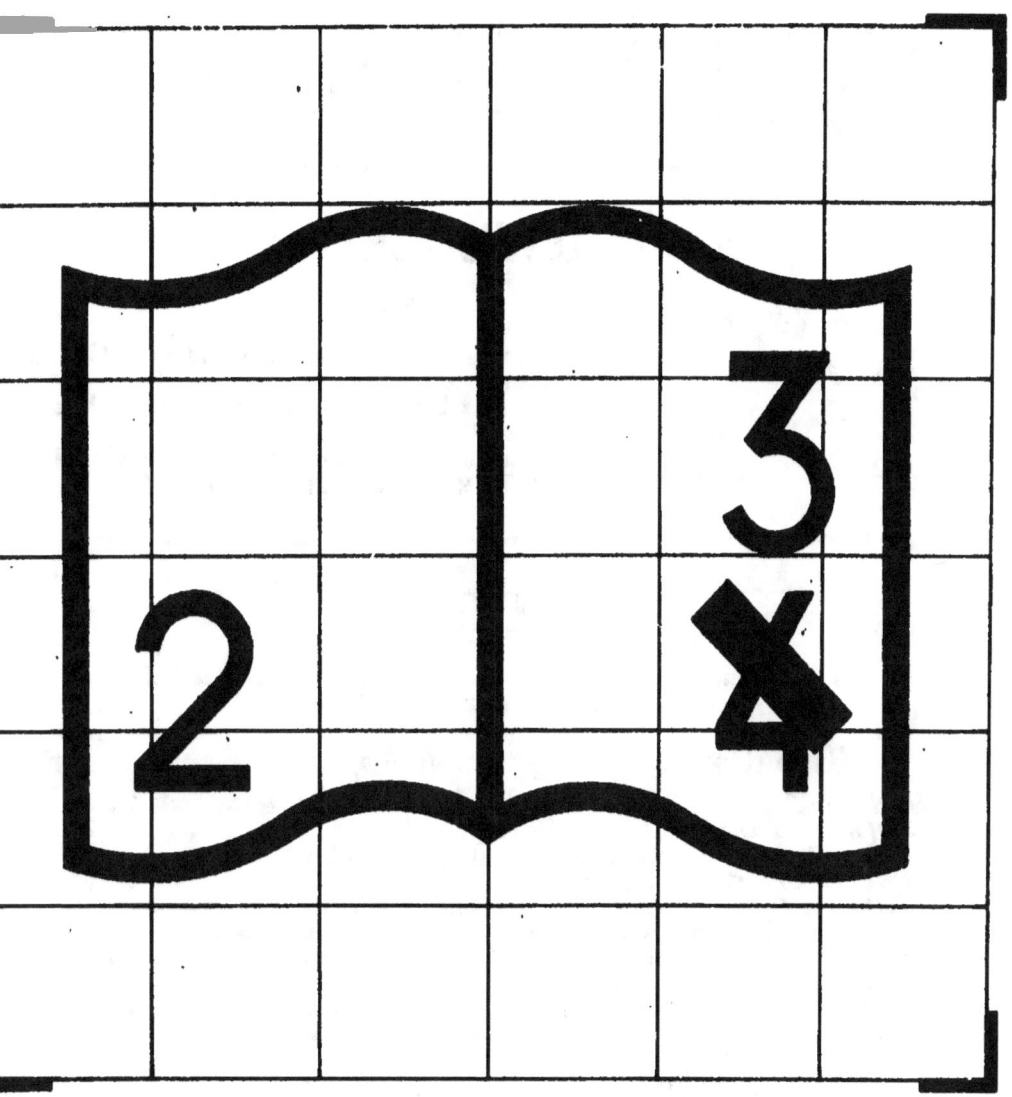

ILES.

Iles.		Notes.
Ile de la Cité. . . .	12-*a*.*b*.	antique berceau de la ville de Paris, antrefois Lutèce.
Ile st. Louis. . . .	12-*d*.	habité et couverte de maisons depuis environ 1640.
Ile Louviers.	13-*c*.	encore inhabitée ; immense chantier de bois à brûler.
Ile des Cygnes. . . .	10-*a*.	actuellement réunie à la terre ferme.

RIVIÈRES.

Rivières.		Notes.
La Seine.	5-*d*.	coupe Paris en deux parties, l'une méridionale et l'autre septentrionale.
La Bièvre.	18-*c*.	se jette dans la Seine, quai de l'Hôpital, près le pont d'Austerlitz.
L'Ourcq.	4-8-13.	*Voyez* sur le plan le tracé de ce canal, depuis la barrière de la Villette, jusqu'aux fossés de la Bastille.

PORTS.

Les Ports sont rangés ici à partir du point le plus élevé de la Seine, en commençant par la rive droite.

Rive droite.		Arrivage.	Arr.
Port de la Rapée. . .	18-*d*.	vins, plâtre, bois de toute espèce.	8
Port de l'Ile Louviers.	13-*c*.	bois à brûler.	9
Port st. Paul.	13-*c*.	fers, épiceries, vins, coches.	9
Port-aux-Ormes. . . .	13-*c*.	bascules et boutiques à poissons. . . .	9
Port de la Grève. . .	12-*d*.	blés, grenailles, sel, fers et chaux. . .	9
Port de la Mégisserie.	12-*a*.	projeté en 1812, et destiné aux charbons. . . .	4
Port de l'Ecole. . . .	12-*a*.	débit de fagots et de cotterets.	4
Port du Louvre. . . .	12-*a*.	cidre d'Isigny et charbons.	4
Port du Musée. . . .	11-*b*.	marchandises de Rouen et bains. . . .	1
Port de la Conférence.	6-*c*.	pierres de st. Leu et pavés.	1

Rive gauche.		Arrivage.	
Port de l'Hôpital. .	18-*c*.	grains, fourrages, bois de charpente. . . .	12
Port st. Bernard. .	18-*a*.	vins de toute espèce et coches.	12
Port de la Tournelle.	12-*d*.	vins, tuiles, ardoises et fourrages. . . .	12
Port du Mail. . .	12-*d*.	pommes, châtaignes et raisins.	12
Port de la Monnaie.	12-*a*.	charbons de bois.	10
Port-Malaquais. .	12-*a*.	marchandises du Hâvre et de Hollande. . . .	10

Rive gauche.		*Arrivage.*	Arr.
Port-Bonaparte	11-*b*.	bains, et marchandises du Hâvre.	10
Port des Invalides	6-*c*.	bois flotté et fourrages.	10
Port du Gros-Caillou.	5-*d*.	déchirures de bateaux hors de service.	10

PONTS.

Les Ponts sont rangés ici à partir de l'amont, c'est-à-dire, du point le plus élevé de la Seine.

Ponts.		*Construction.*	Arr.
Pont-d'Austerlitz	18-*a*.	de 1802 à 1806, par Becquet-Beaupré.	8-12
Pont de Grammont.	13-*c*.	vers 1700, aux frais de la ville	9
Pont-Marie	12-*d*.	de 1614 à 1635, par l'entrepreneur Marie.	9
Pont-Notre-Dame.	12-*b*.	de 1500 à 1507, par Jean Joconde.	7-9
Pont-au-Change.	12-*b*.	de 1639 à 1647, et réparé en 1740.	4-7-9-11
Pont-Neuf.	12-*a*.	de 1578 à 1604, par du Cerceau et Marchand.	2-11
Pont des Arts.	12-*a*.	de 1803 à 1806, par Decessart et Dillon.	4-10
Pont-Royal	11-*b*.	vers 1685, par J. H. Mansard et F. Romain.	1-10
Pont de la Concorde.	6-*c*.	de 1787 à 1791, par Perronnet.	1-10
Pont-d'Jéna	10-*a*.	de 1806 à 1812, par Galand et Lamandé.	1-10

Bras gauche de la Seine.

Pont de la Tournelle.	12-*d*.	en 1656 : date écrite sous une de ses arches.	9-12
Pont de la Cité.	12-*d*.	en 1803, par Gauthey.	9
Pont-au-Double	12-*d*.	en 1634 ; le péage a cessé en 1789.	9-12
Pont-st.-Charles.	12-*d*.	vers 1606, aux frais de Henri IV.	9
Petit-Pont.	12-*d*.	en 1719 ; sa 1re fondat. date de l'origine de Lutèce.	11-12
Pont-st.-Michel.	12-*c*.	de 1616 à 1618, et débar. de ses maisons en 1808.	11

PONCEAUX.

Les Ponceaux sont rangés ici à partir de l'amont, c'est-à-dire du point le plus élevé de la Bièvre.

Ponceaux.		*Tenans.*	*Adjacens.*	Arr.
Pont de Croulebarbe.	20-*c*.	boulevart des Gobelins.	près la rue Croulebarbe.	10
Pont des Gobelins.	20-*b*.	rue Croulebarbe.	près les Gobelins.	12
Pont-st.-Hippolyte.	20-*b*.	rue st. Hippolyte.	près la rue des Marmousets.	12
Pont-st.-Médard.	17-*d*.	rue Mouffetard.	près la rue Censier.	12
Pont-aux-Biches.	17-*d*.	r. du Pont-aux-Biches.	près la rue Censier.	12
P. de la Croix-Clamart	17-*d*.	r. du J. des Plantes.	près la r. Fer-à-Moulin.	12
Pont de l'Hôpital	18-*c*.	boulevart de l'Hôpital.	près la rue de Buffon.	12
Pont de la Saussale	18-*c*.	rue de Poliveau.	près la Salpétrière.	12
Pont de Bièvre.	17-*d*.	quai de l'Hôpital.	près la rue Poliveau.	12

VOIRIES.

Voiries.		Tenans.	Adjacens.	Arr.
Voirie de l'Est. . . .	8-d.	r. de la Pet.-Voirie.	rue de Ménilmontant.	8
Voirie du Nord-Est.	4-a.	r. Chât.-Landon.	r. du Chem. de la Chapelle. .	5
Voirie du Nord-Ouest.	2-c.	r. de la Voirie.	rue des Grésillons.	8
Voirie du Sud-Ouest.	16-c.	rue des Fourneaux,	barrière des Fourneaux. . . .	11
Voirie de Montfaucon.	4-b.	extra-muros.	près la barrière du Combat. .	

ABATTOIRS.

Abattoirs.		Situation.	Construction.
Abattoir-Montmartre.	3-a.	r. de Rochechouart.	commencé en 1811, par Poidevin.
Abat. de Ménilmontant.	8-d.	rue st. Ambroise.	commencé en 1810, par Happe.
Abattoir du Roule. .	2-c.	r. de Miroménil.	comm. en 1810, par Petit-Radel.
Abattoir de Villejuif.	20-b.	barrière d'Ivry.	commencé en 1810, par Leloir.
Abattoir de Grenelle.	16-a.	place de Breteuil.	commencé en 1810, par Gisors.

HALLES.

Halles.		Situation.	Construction.
Halle au Blé. . . .	7-c.	rue de Viarmes.	bâtie en 1767, par Camus; la coupole par Belanger, en 1812.
Halle aux Cuirs. .	7-d.	rue Mauconseil.	bâtie en 1784, par Dumas.
Halle aux Draps. .	7-d.	r. de la Poterie.	vers 1786, p. Molinos et Legrand.
Halle au Gibier .	12-a.	quai des Augustins.	bâtie en 1810, par Happe.
Halle au Vieux Linge.	8-c.	rue du Temple.	bâtie en 1811, par Molinos.
Halle aux Veaux .	12-d.	rue de Poissy.	bâtie en 1774, par Lenoir.
Halle aux Vins. .	17-b.	quai st. Bernard.	commencé en 1811, par Gaucher.
Grenier de réserve. .	13-c.	boulevart Bourdon.	commencé en 1807, par Delanoy.
Grande-Halle . .	7-c.	doit s'étendre de la Halle au blé à la Cour-Batave.	

MARCHÉS.

Marchés.		Situation.	Notes.
Marché d'Aguesseau.	6-b.	rue de la Madeleine.	établi en 1746.
Marché-Beauveau.	18-b.	rue d'Aligre.	en 1779, sur l'emp. de l'h. Gourn.
Marché au Beurre.	7-d.	r. des Piliers-P. d'Et.	ces piliers datent de 1136.
Mar.-Boulainvillier	11-b.	rue du Bac.	en 1780, là où étoient les M.-Gris.
Mar.-des-Carmes .	12-d.	doit être établi en 1813 sur l'emp. du couv. des Carmes.	

Marchés.	Situation.	Notes.
Mar. ste. Catherine.	13-a. r. d'Ormesson.	en 1783, là où étoit le couv. de ste. Catherine.
Mer.-aux-Chevaux.	18-c. bar. de l'Hôpital.	en 1642 ; tient les merc. et samedis.
M. des Enfans-Rouges.	8-c. rue de Bretagne.	vers 1626.
Marché à la Feraille.	12-a. q. de la Mégisserie.	vers 1673, après les Mégissiers.
Marché à la Feraille.	12-b. quai de Gèvres.	vers 1788, lorsque le q. fut élargi.
Marché-aux-Fleurs.	12-b. quai Desaix.	en 1809 ; tient les merc. et samedis.
Marché-au-Foin.	12-d. quai de la Tournelle.	vers 1740, lorsque le q. fut élargi.
Marché st. Germain.	12-c. rue du Four.	en 1726, et doit être reb. en 1813.
Marché des Jacobins.	6-b. r. du Marc. des Jac.	en 1809, où étoit le couv. des Jac.
M. st. Jac.-la-Bouch.	12-b. cour de Commerce.	en 1800, où étoit l'Eg. st. Jacq.
M.-aux-Jambons.	12-d. quai des Augustins.	depuis la Semaine-Sainte de 1813.
Marché st. Jean.	12-b. rue de la Verrerie.	vers 1312, où étoit le cim. st. Jean.
Marché st. Joseph.	7-a. rue Montmartre.	en 1807, là où étoit l'église.
Marché des Innocens.	12-b. place de ce nom.	en 1786, et couvert en 1812.
Marché st. Martin.	7-d. place de ce nom.	en 1812, là où étoit le j. de st. M.
Marché-Neuf.	12-c. r. du Marché-Neuf.	vers 1568.
M. de la Pl.-Maubert.	12-d. place Maubert.	doit s'ét. sur l'emp. des Carmes.
Marché-aux-Porcs.	18-c. boul. de l'Hôpital.	tient les mercredis et samedis.
Marché-au-Poisson	7-d. est compris dans les démolitions pour la Grande-Halle.
M.-aux-Pom. de terre.	7-d. r. du M. aux Poirées.	en 1810, sur l'anc. pl. du Légat.
Marché-aux-Suifs.	12-d. rue de Pontoise.	les mercredis de 11 à 2 heures.

POMPES ET SOURCES
QUI ALIMENTENT LES FONTAINES PUBLIQUES.

Pompes.	Situation.
P.-de-la-Samaritaine.	12-a. à démolir incessamment.
Pompe-Notre-Dame.	12-b. au bas du Pont-Notre-Dame.
Pompe-de-Chaillot.	5-d. quai de Billy. n°. 4.
P.-du-Gr.-Caillou.	5-d. quai des Invalides.
Canal de l'Ourcq.	4-b. barrière de la Villette.
Sources des Prés st. Germ.	extrà-muros.

FONTAINES.

Lorsqu'à la suite du nom de la rue où ces Fontaines sont situées, il se trouve des noms d'artistes, le premier est celui de l'inventeur, et le second celui du sculpteur.

Fontaines.	Situation.
Font. de l'Abbaye.	12-c. rue d'Erfurt, au coin de la rue Childebert.
Font. de l'Aigle-Imp.	18-c. Marché-aux-Chevaux, par Bralle et Beauvallet.
Fontaine d'Antin.	7-a. au coin de la rue Port-Mahon.
Fontaine d'Antinoüs.	16-a. rue de Sèvres, près les Incurables.

Fontaines.		Situation.
Fontaine d'Assas. . .	16-*b*.	projetée rue de Vaugirard, au coin de la rue d'Assas.
Fontaine ste. Avoie.	12-*b*.	rue ste. Avoye, en face la Synagogue-Mère.
Fontaine de Bacchus.	17-*d*.	rue Censier, par Bralle et Vallois.
Fontaine de Basfroid.	13-*d*.	rue de Charonne, au coin de la rue de Basfroid.
F. de la Bataie. . .	7-*d*.	cour Bataye, par Sobre et Auger.
Fontaine Beauveau.	18-*b*.	place du Marché Beauveau.
Fontaine st. Bernard.	17-*b*.	rue des Fossés-st.-Bernard.
F. de la Bienfaisance.	8-*d*.	rue de Popincourt, par Bralle et Fortin.
Fontaine Biragues. .	13-*a*.	rue st. Antoine, vis-à-vis l'église st. Paul et st. Louis.
F. des Blancs-Mant.	13-*a*.	rue des Blancs-Manteaux, au coin de la rue des Guill.
Fontaine Boucherat .	8-*c*.	au coin de la rue Boucherat et de la rue Charlot.
Font. des Capucins. .	6-*d*.	rue st. Honoré, vis-à-vis la place Vendôme.
Font. des Carmelites.	17-*c*.	rue du Faubourg st. Jacques, près le Val-de-Grâce.
Font. de la Cascade .	8-*a*.	boulevart st. Martin, en face la rue Samson.
Font. ste. Catherine.	13-*a*.	cul-de-sac de la Poissonnerie, par Caron.
Font. de la Charité. .	11-*d*.	rue Taranne, près la rue des Saints-Pères.
F. du Chât.-d'Eau. .	7-*c*.	place du Palais-Royal, par Decotte et Coustou.
Font. du Chaudron. .	4-*a*.	au coin de la rue du Chemin-de-Pantin.
F. de la Chute-d'Eau.	12-*c*.	place de l'Ecole de Médecine, par Gondouin.
Fontaine Colbert. . .	7-*a*.	rue Colbert, derrière le Ministère du Trésor.
Fontaine du Collège.	17-*b*.	place Cambrai, à côté du Collège de France.
Fontaine st. Côme. .	12-*b*.	rue de l'Ecole de Médecine.
F. du Conservatoire .	7-*d*.	place du Marché-st.-Martin.
Font. des Cordeliers.	12-*c*.	rue de l'Ecole de Médecine, près la rue du Paon.
Fontaine de la Coupe.	17-*a*.	cour latérale du Palais du Sénat.
Fontaine du Cylindre.	7-*c*.	au coin de la rue des Moineaux et de la rue des Moulins.
Fontaine du Cylindre.	12-*a*.	cour de la ste. Chapelle.
Font. des Dauphins .	13-*d*.	au coin des rues st. Antoine et de Charonne.
Fontaine Desaix. . .	12-*a*.	place Thionville, par Percier et Fortin.
Fontaine du Diable. .	7-*c*.	au coin des rues st. Louis et de l'Echelle.
Font. de l'Echaudé .	8-*c*.	rue Vieille-du-Temple, au coin de la rue de Poitou.
Fontaine Egyptienne.	16-*a*.	rue de Sèvres, par Bralle et Beauvallet.
F. des Enfans-Rouges	8-*c*.	place du marché des Enfans-Rouges.
Font. aux Fleurs. . .	12-*b*.	quai Desaix, par Molinos.
Font. ste. Geneviève.	17-*b*.	rue de la Montagne ste. Geneviève.
Fontaine de Grenelle.	11-*d*.	rue de Grenelle, par Bouchardon et Molinos.
Fontaine Greneta . .	7-*d*.	au coin des rues st. Denis et Greneta.
Font. de la Grotte. .	17-*a*.	Jardin du Sénat, par Desbrosses, Ramey et Dûret.
Font. de l'Humanité.	12-*d*.	place du Parvis-Notre-Dame, par Bralle et Fortin.
Font. des Innocens .	12-*b*.	place du marché des Innocens, par Lescot et Goujon.
Font. des Jacobins. .	6-*b*.	place du Marché des Jacobins.
Fontaine st. Jean. .	12-*b*.	place du Marché st. Jean.
Font. du Jet-d'Eau. .	7-*b*.	rue du Ponceau, par Girard.
Fontaine ste. Foi. . .	7-*b*.	rue st. Denis, près la rue ste. Foi.
Fontaine st. Lazare .	3-*d*.	rue du Faubourg st. Denis.
Fontaine de Léda . .	16-*b*.	rue du Regard, par Bralle et Vallois.
Fontaine st. Leu. . .	7-*d*.	rue Salle-au-Comte.
Font. du Lion st. Paul.	13-*c*.	rue des Lions.
F. du Lion st. Marc.	11-*a*.	esplanade des Invalides, par Trepsa.
F. des Lions du Creusot	12-*a*.	vis-à-vis le palais des Beaux-Arts, par Vaudoyer.
Fontaine du Lycée. .	2-*d*.	rue ste. Croix, par Brongniard.
Fontaine de Mars. .	10-*d*.	rue st. Dominique, par Bralle et Beauvallet.
Fontaine st. Martin.	7-*b*.	rue st. Martin, au coin de la rue du Vert-Bois.
Fontaine Maubert. .	12-*d*.	place Maubert, par Rondelet.
Fontaine Maubuée. .	12-*b*.	rue st. Martin, au coin de la rue Maubuée.

Fontaines.		Situation.
Fontaine st. Maur.	8-b.	rue st. Maur.
Fontaine de Médicis.	7-c.	rue de Viarmes, par Bullant.
Fontaine st. Michel.	17-a.	rue de la Harpe, place st. Michel.
Font. Montmartre.	7-a.	rue Montmartre, en face la rue Feydeau.
Font. de la Nayade.	8-c.	rue des Vieilles-Audriettes, par Moreau.
Font. des Néréïdes.	13-a.	rue de Turenne.
Font. de la Niche.	12-c.	rue Garancière.
F. de la Petite-Halle.	14-c.	rue du Fg. st. Antoine, au coin de la r. de Montreuil.
Fontaine du Ponceau.	7-b.	rue st. Denis, au coin de la rue du Ponceau.
Font. du Pot-de-Fer.	17-d.	rue Mouffetard, au coin de la rue du Pot-de-Fer.
Font. des Récolets.	4-c.	rue du Fg. st. Martin, près les Incurables-Hommes.
Fontaine Richelieu.	7-c.	rue de Richelieu au coin de la rue Traversière.
Fontaine du Roule.	1-d.	rue du Faubourg du Roule, près la rue de Monceau.
Fontaine st. Séverin	12-d.	rue st. Jacques, au coin de la rue st. Séverin.
Fontaine de Soubise.	12-b.	rue du Chaume, au coin de la rue de Paradis.
Fontaine de la Paix.	12-c.	place st. Sulpice, par Détournelle et Spercieux.
Fontaine de Tantale.	12-d.	place de la Pointe st. Eustache, par Bralle et Beauvallet.
Fontaine du Temple	8-a.	rue du Temple, près la rue de Vendôme.
Font. des Tournelles.	13-c.	rue des Tournelles, au coin de la rue st. Antoine.
Fontaine du Trahoir.	7-c.	au coin de la rue de l'Arbre-Sec, par Soufflot et Boizot.
Fontaine du Vase	12-a.	place de l'Ecole, par Bralle et Fortin.
Font. de la Victoire.	12-b.	place du Châtelet, par Bralle et Boizot.
Font. des Victoires.	7-c.	passage des Petits-Pères, au coin de la r. N.-D. des Vict.
Font. st. Victor	17-b.	rue st. Victor, au coin de la rue de Seine.
Font. des Vosges.	13-a.	place des Vosges.

PRISONS.

Nota. Il est aisé de voir que l'ordre alphabétique seroit ici insignifiant, ainsi que dans d'autres articles.

Prisons.		Situation.	Détenus.
Prison de la Gr.-Force	13-a.	rue du Roi de Sicile.	hommes prévenus de délit.
P. de la Conciergerie.	12-a.	c. du Palais-de-Just.	hommes ou femmes accusés.
Prison de Bicêtre.		extrà-muros.	hommes condamnés.
Pr. des Madelonettes.	8-c.	rue des Fontaines.	femmes prévenues de délit.
Pr. de st. Lazare	3-d.	rue du F. st. Denis.	femmes condamnées.
P. de la Petite-Force.	13-a.	rue Pavée.	filles publiques.
Pr. de ste. Pélagie.	17-d.	rue de la Clef.	hommes détenus pour dettes
Prison de l'Abbaye.	12-c.	rue ste. Marguerite.	— pour délits militaires.
Prison de Montaigu.	17-a.	rue des Sept-Voies.	— pour discipline militaire.
Prison de Vincennes.		extrà-muros.	— pour affaires d'Etat.

CASERNES.

Casernes.		Situation.	Notes.
Quartier-Napoléon.	10-d.	place Fontenoy.	bâti en 1752 sous le nom d'Ec. Mil.
Caserne-Bonaparte.	11-b.	quai Bonaparte.	bât. en 1807 par le Génie Militaire.
Caserne de Babylone.	11-c.	rue de Babylone.	bât. vers 1785, par le Génie Milit.

Casernes.	Situation.	Notes:
Cas. de la Courtille. .	8-b. r. du F. du Temple.	bât. vers 1788, par le Génie Mil.
Cas. de la N.-France.	3-d. rue du F. Poissonn.	Idem.
Caserne de Lourcine.	20-b. rue de Lourcine.	Idem.
Cas. de la Pépinière. .	2-c. rue de la Pépinière.	Idem.
Cas. de Popincourt. .	8-d. rue de Popincourt.	Idem.
Cas. du Nord-Ouest.	2-c. rue Verte.	Idem.
Cas. de l'Ave-Maria.	13-c. rue des Barres.	établie dans l'anc couv. de ce nom.
Cas. des Carmelites.	11-a. rue de Grenelle.	établie dans l'anc. couv. de ce nom.
Cas. des Célestins. .	13-c. rue du Petit-Musc.	établie dans une partie de ce couv.
Cas. de Panthemont.	11-b. rue de Grenelle.	établie dans l'anc. couv. de ce nom.
Cas. de Maître-Gerv.	12-c. rue du Foin.	étab. dans l'anc. collége de ce nom.

PALAIS PUBLICS.

Palais.	Construction.
Palais des Tuileries .	6-b. de 1564 à 1664, par Philibert Delorme, J. Bullant, Ducerceau . Levau et Dorbay.
Palais du Louvre. . .	12-a. de 1528 à 1813, par P. Lescot, Lemercier, Perrault, Gabriel et Fontaine; l'ancienne galerie de 1595 à 1620, par Duperrac et Metezeau; la nouvelle, de 1807 à 18 , par Fontaine et Percier.
Pal. du Roi de Rome.	5-c. de 1812 à 18 , par Fontaine et Percier.
Palais du Sénat. . . .	17-a de 1615 à 1620, par Desbrosses, et réparé en 1805, par Chalgrin.
Pal. du Corps-Législ.	6-c. en 1722, et années suiv., par Girardini, Lassurance, Gabriel, Charpentier et Bélisart; en 1796, la salle par Gisors; et en 1807 le péristyle par Poyet.
Palais-Royal	7-c. le côté droit de la 2e cour en 1629, par J. Lemercier; les bâtimens de la première cour en 1781, par Moreau et Contant d'Ivry; et les galeries, en 1786, par Louis.
Palais-de-Justice. .	12-b. la grande salle, en 1622, par Desbrosses; la façade en 1787, par Desmaisons; le reste de l'édifice date des commencemens de la monarchie.
Pal. des Beaux-Arts.	12-a. en 1662, et années suivantes, par Levau; réparé en 1806, par Vaudoyer.
Pal. de l'Université .	5-d. de 1812 à 18 , par Gisors.
Palais de la Bourse. .	7-a. de 1808 à 18 , par Brongniart, avec le trib. de comm.
Pal. des Archives. .	10-b. de 1812 à 18 , par Cellerier.
Pal. de l'Elysée-Nap.	6-a. en 1718, et années suivantes, par Mollet; et réparé en 1807, par Berthault.
Pal. Archiépiscopal.	12-d. en 1758, et années suivantes, par Soufflot, et agrandi en 1812, par
Pal. de la Lég. d'H.	11-b. en 1787, et années suivantes, par Rousseau.
Palais des Thermes .	12-c. reste une salle qui date, croit-on, de l'an 358.

AUTRES EDIFICES SOMPTUEUX.

Le Temple de la Gloire.	6-b. ordonné par décret impérial du 2 décembre 1806.
Les Invalides	11-a. de 1670 à 1706, par Lib.-Bruant et J. H. Mansard.
Le Quartier-Napoléon	10-d. de 1752 à 1760, par Gabriel, sous le nom d'Ec. Milit.
Hôtel-de-Ville. . . .	12-b. de 1549 à 1605, par D. Cortone, architecte italien.
Hôtel des Monnaies. .	12-a. en 1771, et années suivantes, par Antoine.

Suite des Edifices Somptueux.

Ecole de Médecine. . . 12–c. en 1744, et années suivantes, par Gondouin.
Observatoire. . . . . 20–a. de 1667 à 1672, par Claude Perrault.
Place Vendôme . . . 6–b. de 1687 à 1701, par J. H. Mansard.
Place des Victoires. . 7–c. de 1685 à 1692, par J. H. Mansard.
Place de la Concorde. 6–c. de 1754 à 1772, par Gabriel, qui fit aussi l'Hôtel de
la Marine.

ÉDIFICES RELIGIEUX.

Les cures et succursales sont rangées par ordre d'arrondissemens, et les autres édifices religieux par ordre alphabétique. Les arrondissemens des paroisses succursales sont ici les arrondissemens des cures dont elles sont succursales ; ainsi, on voit que la cure du premier arrondissement a trois succursales ; celle du quatrième arrondissement n'en a pas. Quant aux anciens couvens, il n'est question ici que de ceux dont les bâtimens existent toujours ; et comme la plupart sont des maisons de location ordinaire, nous avons presque toujours relaté le N° de la rue où ils sont situés, afin qu'on pût les y reconnoître plus facilement ; la date est celle de leur fondation.

Basiliques.   Construction.   Arr.

Notre-Dame. . . . . 12–d. dès 522 ; rebâtie de 1160 à 1185 ; le portail du Sud
en 1259. 9
Sainte Geneviève. . . 12–d. de 1757 à 1812, par Soufflot, Brevillon et Ron-
delet. 12

Cures.

Sainte Madeleine. . . 6–b. de 1670 à 1676, par Errard, sous le n. d'Assomption. 1
Saint Roch. . . . . 6–d. de 1653 à 1736, par Lemercier et R. de Cotte. . . 2
Saint Eustache. . . . 7–c. de 1532 à 1637 ; et le portail de 1754 à 1788. . 3
St. Germain-l'Auxer. 12–a. vers 580 ; réparé à différentes époques, le portail
est de 1435. 4
Saint Laurent. . . . 4–c. première fondation 546 ; rebâti en 1595 ; le portail
en 1622. 5
St. Nic.-des-Champs. 7–d. prem. fond. 1119, rebât. en 1420, et agr. en 1576. 6
Saint Merri. . . . . 12–b. prém. fon. vers l'an 700 ; rebâti vers 1520. 7
Sainte Marguerite. . 13–d. en 1625, et agrandie en 1736 et 1765. . . 8
Notre-Dame. . . . . 12–d. basilique, métropole, et paroisse du 9e arrondiss. 9
St. Thomas d'Aquin. 11–b. en 1683 ; par P. Bullet ; le portail est plus récent. 10
Saint Sulpice. . . . 12–c. prém. fond. vers 1250 ; reb. de 1646 à 1745. . 11
St. Etienne-du-Mont. 17–b. prém. f. vers 1225 ; reb. en 1491 ; le port. en 1617. 12

Succursales.

Saint Louis. . . . . 2–d. bâti en 1782, par Brongniart. 1
St. Philippe-du-Roule. 2–c. de 1769 à 1785, par Chalgrin. 1
Saint Pierre. . . . . 5–b. prem. fond. vers 1092 ; rebâti en partie vers 1750. 1
Notre-D. de Lorette. 3–c. vers 1750 ; là où étoit le cimetière de st. Eustache. 2
Not.-Dame des Vict. 7–a. en 1629 et ann. s., par Lemuet, L. Bruant et Cartaud. 3
N.-D. de Bonne-N. 7–b. prém. fond. 1551 ; reb. en 1624 et années suivantes. 3

Suite des Édifices Religieux.

Églises non conservées au culte.

Anciens Couvens dont les bâtimens existent encore.

Suite des Edifices Religieux.

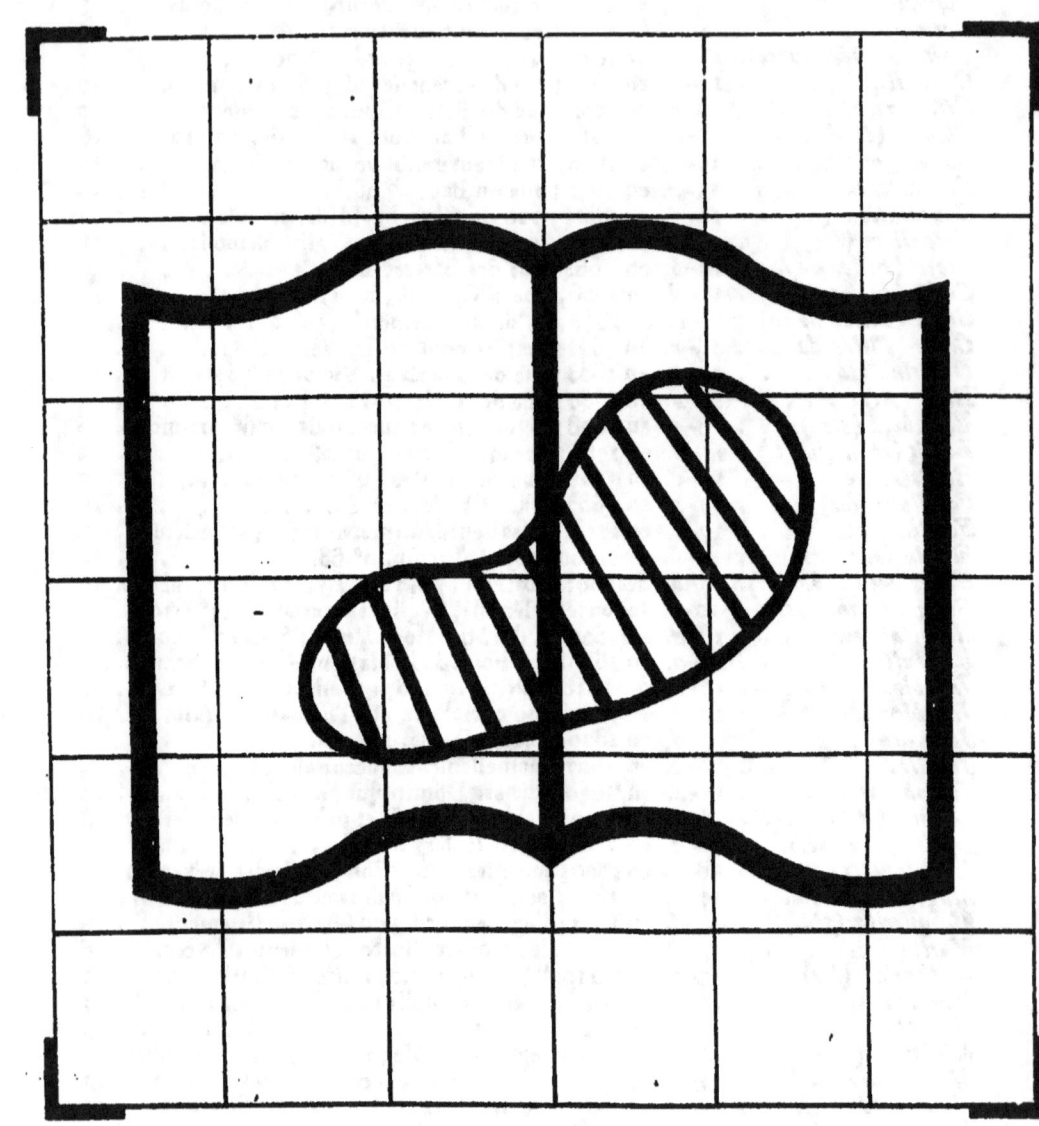

Suite des Edifices Religieux.

Piepus (Chan. de). . . 19-b. en 1640; rue Piepus. 8
Port-Royal. . . . . . . 17-c. en 1646; act. hospice de la Maternité, alaitement. 12
Précieux-Sang. . . . 16-b. en 1658; rue de Vaugirard, n° 60. 11
Prémontrés. . . . . . 12-c. dès 1252; rue Hautefeuille, n° 30. 11
Prémontrés. . . . . . 11-d. en 1662; rue de Sèvres, n° 11. 10
Présentation (la). . . 17-d. en 1671; rue des Postes, n° 34; bientôt Lycée. . 12
Providence (la). . . . 17-d. en 1643; rue de l'Arbalète, n° 24 et 26. . . . 12
Récollets. . . . . . . 4-c. en 1603; act. hospice des Hommes-Incurables. . 5
Récollettes. . . . . . 11-d. en 1637; l'église en 1693; rue du Bac. 10
Roquette (la). . . . . 14-c. en 1639; rue de la Roquette, n° 103. 8
Sacrement (le St-). . . 11-d. en 1669; rue Cassette, n° 22. 11
Sacrement (le St-). . . 13-a. Voyez succursale st. Denis. 8
Sauveur (Filles des). 8-c. en 1704; rue de Vendôme, n° 6. 6
Sorbonne (la). . . . 17-a. dès 1253; rebâti en 1628, par Lemercier. . . 11
Théatins (les). . . . 11-b. 1648; quai Voltaire, n° 16, et rue de Lille, n° 26. 10
Thomas (st.). . . . . 11-d. en 1700; rue de Sèvres, n° 27. 10
Treinel (ste. M. de). 14-c. en 1654; rue de Charonne, n° 48, filature. . . 8
Trinité (la). . . . . . 7-d. dès 1802; l'église rebâtie en 1598; rue Greneta. . 6
Union-Chrétienne. . . 7-b. en 1685; passage st. Chaumont. 6
Val-de-Grâce. . . . . 17-c. de 1645 à 1665; par F. Mansard, Lemercier, etc. 12
Valère (ste). . . . . 11-a. Voyez succursale du 10° arrondissement. . . . 10
Visitation (la). . . . 17-a. en 1626; rue st. Jacques; act. maison du Refuge. 12
Visitation (la). . . . 13-c. Voyez temple des Calvinistes, rue st. Antoine. . 10
Visitation (la). . . . 11-b. en 1673; rue du Bac, n° 58. 10

Temples et Synagogues.

Calvinistes. . . . . . 13-c. dans l'anc. église de la Visitation; bâtie en 1632. . 9
Calvinistes. . . . . . 7-c. dans l'anc. église de l'Oratoire; bâtie en 1621. . 4
Luthériens. . . . . . 12-b. dans l'anc. église des Billettes; fondée vers 1299. 7
Juifs. . . . . 12-b. dans l'anc. église de ste. Avoie, fondée vers 1288. 7

MONUMENS.

Monumens.	Situation.	Construction.
Arc-à-Napoléon. . .	1-c. barrière de Neuilly.	commencé en 1806, par Chalgrin.
Arc-aux-Armées. . .	6-d. place du Carrousel.	commencé en 1806, par Fontaine.
Colonne d'Austerlitz.	7-b. place Vendôme.	en 1806, p. Gondouin et Lepeyre.
Porte st. Denis. . . .	7-b. boulevart st. Denis.	com. en 1672, par F. Blondel.
Porte st. Martin. . .	6-b. boulevart st. Martin.	com. en 1674, par Bullet.
Obélisque de Granit.	12-a. Pont-Neuf.	commencé en 1809, par
Colonne de Médicis.	7-c. rue de Viarmes.	en 1572, par J. Bullant.
Statue de Dessaix. .	7-c. place des Victoires.	posée en 1810, par Déjoux.
Fontaine de Grenelle.	11-d. rue de Grenelle.	en 1739, par E. Bouchardon.
Font. des Innocens.	12-b. pl. du Marc. des Inn.	en 1550, par Lescot et Goujon.
Propylée de st. Martin.	4-a. pr. la b. de la Villette.	vers 1788, par Ledoux.

THÉATRES.

Théatres.	Situation.	Construction.
Théâtre de l'Opéra.	7-a. rue Richelieu.	en 1793, par Louis et Hubert;

Théâtres.	Situation.	Construction.
Théâtre Français. . .	7-c. au Palais-Royal.	en 1788, par Moreau.
Théâtre de l'Odéon. .	12-c. place de l'Odéon.	en 1780, par Vailly et Peyre.
Th. de l'Opéra-Com.	7-a. rue Feydeau	en 1791, par Legrand et Molinos.
Théât. du Vaudeville.	7-a. à démolir pour la réunion du Louvre aux Tuileries.	
Théâtre des Variétés.	7-a. boul. Monimartre.	en 1807, par Cellerier.
Théâtre de la Gaîté. .	8-c. boul. du Temple.	rebâti en 1808, par Peyre neveu.
Théâtre de l'Ambigu.	8-c. boul. du Temple.	en 1772, par

Salles publiques.

Salle Montansier. . .	7-a. au Palais-Royal.	
Salle des Italiens. . .	7-a. place des Italiens.	en 1782, par Heurtier.
Sal. des Jeux gymniq.	7-b. boul. st. Martin.	en 1781, par Lenoir.
Salle de Louvois. . .	7-a. rue de Louvois.	en 17 , par Brongniart.
Salle Olympique. . .	3-c. rue de la Victoire.	en 17 , par Damène.

Spectacles.

Spectacle pittoresque.	7-a. r. du Port-Mahon.	Tableaux mouvans.
Panorama.	6-b. b. de la Madeleine.	Perspective magique.
Panorama.	7-a. boul. Montmartre.	Idem.
Cirque Olympique. .	6-b. rue st. Honoré.	Voltige et Pantomime.

PROMENADES PUBLIQUES.

Promenades.	Notes.
Jardin des Tuileries .	6-d. planté vers 1600 , par Lenostre.
Jardin du Sénat. . .	17-a. replanté en partie par Chalgrin, vers 1800.
Jardin des Plantes. .	18-a. doit sa splendeur au comte de Buffon.
Jardin de Mouceaux.	1-d. planté en 1778; on n'y entre qu'avec un billet.
Jard. du Pal.-Royal.	7-c. replanté en 1799, par les propriétaires des galeries.
Jardin de l'Arsenal.	18-a. à replanter; quai de la Rapée , en face le p. d'Austerlitz.
J. du Musée des M. fr.	11-b. public seulement les jeudis et dimanches matin.
Champs-Elysées. . .	6-a. planté sous Louis XIV, et replanté vers 1770.
Champ-de-Mars. . .	10-u. course de Chevaux, et exercices militaires.
Esplanade des Inval.	11-a. plantée en 17 , et embellie en 1812.
Boulevarts nouveaux. . . .	depuis la rue st. Honoré, jusqu'au pont d'Austerlitz.
Boulevarts anciens.	tout autour de l'enceinte de Paris.

STATUES DES TUILERIES.

Les Statues qui ornent le jardin des Tuileries sont si belles, et surpassent tellement celles des autres promenades publiques, que je n'ai pu me refuser au plaisir d'en donner ici la nomenclature, avec quelques notes; les chiffres de renvoi sont placés sur le plan au pied de chaque Statue.

Chiffres de renvoi.	Statues.	Attributs et Expression.
1	EUTERPE LYRIQUE.	Avec sa flûte et un rouleau.
2	EUTERPE TRAGIQUE.	Avec sa flûte et sa massue.

Chiffres de renvoi.	Statues.	Attribut set Expression.
3	THALIE.	Avec son masque et un rouleau.
4	CALLIOPE.	Avec sa guirlande en couronne et un rouleau.
5	CLIO.	Avec sa lyre et son plectre.
6	URANIE.	Avec son globe et une étoile.
7	ERATO.	Avec sa lyre, sans plectre.
8	MELPOMÈNE.	Avec son masque et son poignard.
9	POLYMNIE.	La main droite étendue, et son rouleau.
10	TERPSICHORE.	Avec sa couronne de lauriers et deux rouleaux.
11	MERCURE.	Avec son caducée; par Coisevox.
12	LA RENOMMÉE.	Avec sa trompette; par Coisevox.
13	LE FAUNE.	Statue peu digne de son pendant, n°. 14.
14	VÉNUS CALLIPYGE.	Formes divines; par J. Thierry.
15	LA SEINE ET LA MARNE.	Composition riche; par N. Coustou.
16	LE RHÔNE ET LA SAÔNE.	Groupe exécuté à Rome par ordre de Louis XIV.
17	LE TIBRE.	Morceau sévère; par Van-Clève.
18	LE NIL.	Image de la fertilité, par Bourdic.
19	BACCHUS.	Stature élégante et mâle tout à la fois.
20	VÉNUS DU LIBAN.	Le charme des cœurs mélancoliques; par Legros.
21	CÉRÈS.	Therme portant toutes les richesses de l'été.
22	L'HIVER.	Therme triste et sombre comme les frimas.
23	ANNIBAL.	Il compte les anneaux des chevaliers Romains tués à la bataille de Cannes; par Sébastien Stodtz, en 1722.
24	SCIPION.	C'est bien là le rival, ou plutôt le vainqueur d'Annibal. Quel port de héros! quel profil! quelle tête inspirée! Par Coustou l'aîné, en 1722.
25	VERTUMNE.	Dieu des vergers; anecdote mythologique.
26	FLORE.	Therme portant toutes les richesses du printemps.
27	AGRIPPINE.	Beauté des formes romaines, draperie admirable.
28	SILÈNE ET BACCHUS.	Vieillesse verte, bienveillance et gaîté.
29	LE SANGLIER.	Il respire, et répand l'effroi dans ce lieu solitaire.
30	LE CENTAURE.	Vérité d'expression; beautés anatomiques.
31	LES LUTTEURS.	Marbre souple comme la nature; par L. Magnière.
32	CASTOR ET POLLUX.	Formes pures comme l'amitié qui les caractérise, et dont ils sont les dieux.
33	BACCHUS ET HERCULE.	Le dieu des vendanges et de la gaîté enseigne au héros naissant l'heureux secret de marier les plaisirs à la gloire, et de boire, dans la coupe qu'il tient, l'oubli des peines de ses futurs et illustres travaux.
34	APOLLON.	Eclat et beautés de l'adolescence.
35	ATALANTE.	Formes sveltes et pétries par les Grâces.
36	HYPPOMÈNE.	Ardeur et certitude de la victoire.
37	LE BERGER.	avec son chevreau, son bâton, et son chalumeau.
38	APOLLON.	L'haleine du dieu ravisseur est brûlante.
39	DAPHNÉ.	L'innocence fuyant devant son ravisseur.
40	DIANE CHASSERESSE.	L'Amour n'a jamais fait palpiter ce sein virginal; le bel Endymion n'a pas encore paru.
41	FLORE FARNÈSE.	Charmes de la pudeur; draperie diaphane.
42	CÉSAR.	Air majestueux; costume riche.
43	HERCULE FARNÈSE.	Expression sublime de la force corporelle; par Comino.
44	LUCRÈCE.	Composition; par Théodon et Lepautre.

Chiffres du travail.	Statues.	Attributs et Expression.
45	Énée.	Chef-d'œuvre d'expression et de piété filiale; par Lepautre, en 1716.
46	Rapt de Cybèle.	Ici la beauté effrayée invoque le ciel et la terre contre son ravisseur. Saturne ne possède point le cœur de Cybèle, et l'enlève de force; par Regnaudin.
47	Enlèvement d'Orithye. .	Ici la beauté ne lutte point; Orithye s'abandonne à son ravisseur. Borée est aimé, et foule son rival aux pieds; par Marsy et Flamen.
48	Phaétuse.	Qui peut voir de sang-froid tant de beautés disparoître sous les feuilles du fatal laurier?
49	Atlas.	Le géant sent croître le rocher sous ses pas, et s'identifier avec lui.
50	Le Rémouleur.	Tout en aiguisant son couperet, il prête une oreille attentive; il a entendu le secret des conspirateurs, et Rome est sauvée par un esclave; bronze fondu par les frères Keller.
51	Vénus accroupie.	Pudeur alarmée, attitude voluptueuse.
52	Le Gladiateur.	Force de l'homme déployée avec toute l'énergie et le courage dont il est capable.
53	Le Gladiateur mourant.	Il regrette, non la vie qu'il va perdre, mais la victoire qui lui fut infidèle; bronze fondu par les frères Keller.
54	Le Flûteur.	On entend les sons qui sortent de sa musette. Taisez-vous, spectateurs: l'enfant, qui est derrière le champêtre musicien, vous commande le silence, en portant le doigt sur la bouche. La composition de cette scène pastorale ne laisse rien à désirer. C'est un bouvier de Théocrite, au milieu du Jardin Impérial, avec sa panetière, son *pedum* ou bâton de pasteur, et sa *syrinx*, ou chalumeau à sept tuyaux. C'est une des plus belles statues créées sous le ciseau de Coysevox.
55	Une Hamadryade.	Elle regarde et écoute le flûteur; par Coysevox.
56	Flore.	Modèle de grâce et d'amabilité; par Coysevox.
57	Vénus à la colombe. . .	Une colombe et un glaive, douceurs et ravages de l'Amour; par N. Coustou.
58	Vénus au carquois. . .	Elle a dérobé le fatal instrument à l'Amour, qui attend, tristement appuyé sur son arc, qu'elle le lui rende. Elle en tire une flèche, qu'elle semble ne lui accorder qu'à regret, pressentant tout le mal qu'elle va faire. Le statuaire, Nicolas Coustou, a exprimé dans cette statue les formes célestes de la beauté, avec une vérité étonnante. Dans la plupart des statues en marbre ou en bronze, ces formes semblent participer plus ou moins de la dureté de la matière dont elles sont composées; ici elles sont pétries par les mains de la nature et des grâces: ce sein respire et palpite sous le marbre.

Chiffres du renvoi.	Statues.	Attributs et Expression.
59	ARIANE........	Le perfide Thésée l'a délaissée sur les rochers de l'île de Naxos; draperie jetée avec art.
60	HERCULE.........	Il prévoit déjà la destinée de cet enfant, qui joue avec la peau du lion de la forêt de Némée; ce sera le bouillant Ajax.
61	DIANE CHASSERESSE.....	Même note qu'au n°. 40.
62	LAOCOON........	Les douleurs de l'âme exprimées d'une manière sublime, au milieu des douleurs physiques.
63	APOLLON PYTHIEN.....	Ce bronze respire la présence d'un dieu; son front pense; son regard a devancé la rapidité de la flèche; l'indignation siége sur ses lèvres. Les formes sont choisies dans le beau idéal.
64	VÉNUS PUDIQUE........	Composé divin de voluptés et de pudeur. La déesse est nue; mais le voile de la décence couvre ses charmes, et réprime le regard téméraire.
65	ANTINOUS..........	Beauté idéale de l'homme.
66	LE CHASSEUR.......	Le corps repose, mais l'œil et l'oreille sont aux aguets. Le chien vit et respire; par N. Coustou.
67	MÉLÉAGRE........	Il vient de tuer le terrible sanglier de Calydon. La hure du monstre est à ses pieds. Ce nouvel Hercule, aussi beau qu'Antinoüs, se repose, appuyé sur son épieu, des fatigues de la chasse; par Legros.
68	PAPIRIUS ET SA MÈRE....	Caresses maternelles pour savoir le secret du sénat romain; mais fermeté respectueuse du fils pour le taire, en y substituant un conte en l'air : excellente leçon pour nos Papirius modernes.

JARDIN DES PLANTES.

Voyez les chiffres de renvoi sur les planches 17e et 18e.

1 Galeries du Muséum d'Histoire Naturelle.
2 Ancien logement de Buffon.
3 Belvédère placé au sommet d'un labyrinthe.
4 Cèdre du Liban, planté par B. Jussieu, vers l'an 1752.
5 Laiterie remarquable par ses inscriptions latines et françaises.
6 Bâtiment de l'administration.
7 Amphithéâtre pour les Cours publics.
8 Bosquets montueux et tortueux.
9 Orangeries et serres-chaudes.
10 Plantes rangées par familles, suivant la méthode de Jussieu.
11 Arbres fruitiers, offrant plus de 600 variétés.
12 Végétaux herbacés, pour l'économie domestique.
13 Arbrisseaux et Plantes, pour l'agriculture pratique.
14 Plantes de toute espèce, pour la récolte des graines.
15 Bassin ombragé, où vivent des paons et des oiseaux nageurs.
16 Pépinières d'arbres résineux, et au milieu une ruche.
17 Bois d'arbres tant indigènes qu'exotiques.
18 Terres et terreaux préparés, pour différens végétaux.
19 Arbres toujours verts, tels que pins, ifs, cyprès, etc.
20 Arbres étrangers, actuellement acclimatés.

(51)

Suite du Jardin des Plantes.

21 Ménagerie ou loges des animaux vivans.
22 { Au rez-de-chaussée, loge des éléphans.
{ Au premier étage, anatomie comparée des animaux.
23 Vallée Suisse, chaumières, ruines pittoresques, et parcs habités par des cerfs, des daims, des buffles, des dromadaires, etc.

PARC IMPÉRIAL DE MOUCEAUX,

Avec des chiffres de renvoi sur les planches 1re et 2e.

1 Entrée du jardin.
2 Pavillon d'agrément.
3 Bâtiment des gens de service.
4 Basse-cour.
5 Cour des remises.
6 Jardin botanique.
7 Fort en ruines.
8 Temple de l'Amour.
9 Temple, ou rotonde.
10 Temple de Vénus.
11 Maisons particulières.
12 Pavillons turcs.
13 Laiterie champêtre.
14 Tombeaux en ruines.
15 Glacière sous un temple.
16 Tombeau.
17 Etang entouré de colonnes.
18 Corps-de-garde.

INSTRUCTION PUBLIQUE.

Etablissemens.	Situation.	Notes.
Institut de France	12-a. au pal. des B.-Arts.	128 membres.
Université Impériale.	6-c. rue de l'Université.	résidence du grand maître.
Faculté de Théologie.	17-a. rue Saint-Jacques.	six chaires.
Faculté de Droit.	17-a. place du Panthéon.	cinq chaires.
Faculté de Médecine.	12-c. r. de l'Ec. de Méd.	douze chaires.
Faculté des Sciences.	17-a. rue Saint-Jacques.	neuf chaires.
Faculté des lettres.	17-a. rue Saint-Jacques.	neuf chaires.
Lycée Impérial.	17-a. rue Saint-Jacques.	dans l'anc. col. de Louis-le-Grand.
Lycée Napoléon.	17-b. rue de Clovis.	dans l'anc. ab. de ste. Geneviève.
Lycée Bonaparte.	2-d. rue Sainte-Croix.	dans l'ancien couv. des Capucins.
Lycée Charlemagne.	13-c. rue Saint-Antoine.	dans l'ancien couvent des Jésuites.
Lycée (à établir).	17-a. rue de la Harpe.	dans l'ancien collège d'Harcourt.
Lycée (à établir).	14-c. rue de Charonne.	dans l'anc. c. des FF. de la Croix.
Lycée (à établir).	17-d. rue des Postes.	dans l'anc. c. de la Présentation.
Lycée (à établir).	7-d. rue Saint-Martin.	dans l'anc. couv. de St.-Martin.
Collège de France.	17-a. place Cambray.	18 cours publics.
Cours d'h. naturelle.	17-d. au jar. des Plantes.	13 cours publics.
Bur. des longitudes.	20-a. à l'Observatoire.	perfect. de la navigation.
Langues orientales.	7-a. à la Bibl. Impér.	persan, arabe et turc.
Inst. d. sourds-muets.	17-c. rue Saint-Jacques.	70 élèves des deux sexes.
Ecole polytechnique.	17-b. r. de la M. ste. Gen.	330 élèves environ.
Ec. des p.-et-chauss.	6-c. r. de l'Université.	80 élèves.
Ec. des ing.-géograp.	11-a. r. de l'Université.	15 élèves.
Ecole des B.-Arts.	12-a. au pal. des B.-Arts.	Peinture, sculpture et architect.
Ecole grat. de dessin.	12-c. rue de l'E. de Méd.	pour les garçons.
Ecole grat. de dessin.	12-c. cour de Rouen.	pour les filles.
Ecole de musique.	7-b. rue Bergère.	200 élèves des deux sexes.
Ecole de déclamation.	7-b. rue Bergère.	200 élèves des deux sexes.

Etablissemens.	Situation.	Notes.
Ecole de pharmacie.	17-d.	rue de l'Arbalète.	il y a un jardin botanique.
Ec. du conservatoire.	7-d.	rue Saint-Martin.	dessin et géométrie descriptive.
Ecole d'archéologie.	7-a.	à la Bibl. impériale.	mardi et samedi à 2 heures.
Ec. imp. d'équitation.	6-b.	rue Saint-Honoré.	
Ecole de mosaïque.	12-c.	aux ci-dev. Cordel.	fondée le 3 thermidor an 13.
Société de médecine.	12-c.	r. de l'E. de Méd.	créée le 12 fructidor an 8.
Soc. pour la vaccine.	12-c.	rue du Battoir.	créée le 14 germinal en 12.
Soc. pour l'indust. nat.	11-b.	rue du Bac.	fondée l'an 10.
Société d'agriculture.	12-b.	à l'Hôt.-de-Ville.	60 membres et 50 ass.
Société de galvanisme.	7-c.	rue de l'Oratoire.	fondée en l'an 2.
Athénée des arts.	7-c.	rue de l'Oratoire.	fondé en 1792.
Athénée de Paris.	7-c.	rue du Lycée.	fondé en 1784.

BIBLIOTHÉQUES PUBLIQUES.

Bibliothéques.	Situation.	Jours et heures d'ouvert.
Bibl. Impériale.	7-c.	rue de Richelieu.	t. les j. de 10 h 2 h., exc. le dim.
Bibl. de ste. Genev.	17-b.	rue de Clovis.	t. les j. de 10 à 2 h., exc. le dim.
Bibl. Mazarine.	12-a.	quai de la Monnaie.	t. les j. de 10 à 2 h., exc. l. j. et d.
Bibl. de l'Arsenal.	13-c.	rue de Sully.	merc., jeudi et vend., de 10 à 2h.
Bibl. de la Ville.	13-c.	rue Saint-Antoine.	mardi, jeudi et sam., de 10 à 2 h.
Bib. de l'Ec. de Méd.	12-c.	r. de l'Ec. de Méd.	lundi, merc. et vend., de 10 à 2 h.
Bib. du J. des Plantes.	17-d.	r. du j. des Plantes.	mardi et vendredi, de 3 à 5 h.

MUSÉES.

Musées.	Situation.	Jours d'ouverture.
Musée Napoléon.	12-a.	au Louvre.	samedi et dimanche, de 10 à 4 h.
Musée du Sénat.	17-a.	au palais du Sénat.	dimanche et lundi, de 10 à 4 h.
M. des Monum. Fr.	12-a.	r. des Pet.-August.	dimanche et jeudi, de 10 à 4 h.
Mus. d'hist. naturelle.	17-d.	au jard. des Plantes.	mardi et vendredi, de 4 à 7 h.
Musée des mines.	11-a.	rue de l'Université.	lundi et jeudi, de 11 à 3 h.
Musée des mines.	12-a.	Hôt. des Monnaies.	t. les jours de 10 à 2 h. exc. l. dim.
Musée anatomique.	12-c.	à l'E. de Médecine.	lundi, merc. et vend. de 10 à 2 h.
Musée d'artillerie.	11-b.	pl. st. Th. d'Aq.	il n'est pas encore public.
Musées des Artistes.	17-a.	rue de Sorbonne.	tous les jours.
Cabinet d'antiquités.	7-a.	à la Bibl. impér.	mardi et vendredi, de 10 à 2 h.
Cabin. des Estampes.	7-a.	Ibidem.	idem.
Cons. des arts et mét.	7-d.	anc. abb. de st. Mart.	dimanche et jeudi, de 10 à 4 h.
Les Gobelins.	20-b	rue Moufletard.	t. les jours de 10 à 1 h. exc. l. dim.
La Savonnerie.	5-c.	quai de Billy.	idem.
Mon. des Médailles.	13-a.	rue Guénégaud.	tous les jours, excepté le dimanche.

HOPITAUX.

Hôpitaux.	Situation.	Fondation et Lits.
H. de l'Hôtel-Dieu.	12-d.	parvis Not.-Dame.	vers 650. – 2200 lits.
Hôp. de la Charité.	11-b.	rue des SS. Pères.	en 1606. – 250 lits.

Hôpitaux.	Situation.	Fondation et Lits.
Hôp. Saint-Antoine. 14-c.	rue du Fg. st. Ant.	vers 1795. — 230 lits.
Hôpital Beaujon... 1-d.	r. du Fg. du Roule.	en 1784. — 120 lits.
Hôpital Necker.... 16-a.	rue de Sèvres.	en 1779. — 130 lits.
Hôpital Cochin.... 20-a.	r. du Fg. st.-Jacq.	en 17... — 110 lits.
Hôpital Saint-Louis. 4-c.	r. de l'hô. s. Louis.	en 1607. — 800 lits.
Hôp. des Vénéri es. 17-c.	ch. des Capucins.	vers 1795. — 550 lits.
Hôp. des enfans mal. 16-a.	rue de Sèvres.	en 1751. — 400 lits.
Hôpital de la Pitié. 17-b.	rue Copeau.	dép. de l'Hôtel-Dieu dep. 1809.
H. de l'E. de Médec. 12-c.	r. de l'Observance.	on y traite les maladies chirur-gicales et difficiles.
Maison de Santé... 4-c.	r. du F. s. Martin.	on paie 2 fr. et 3 fr. par jour.

HOPITAUX MILITAIRES.

H. du Val-de-Grâce. 17-c.	r. du F. st. Jacques.	soldats de toute arme.
H. du Gros-Caillou. 10-b.	r. st. Dominique.	soldats de la garde.
Hôpit. des Invalides. 11-a.	rue de Grenelle.	soldats mutilés.

HOSPICES.

Hospices.	Situation.	Destination.
H. de la Salpêtrière. 18-c.	boul. de l'Hôpital.	femmes infirmes ou folles.
H. de la Maternité. 20-a.	rue d'Enfer.	femmes grosses ou en couche.
H. de la Maternité. 17-c.	r. de la Bourbe.	enfans abandonnés.
Hosp. des Ménages. 11-d.	rue de la Chaise.	époux sexagénaires.
Hosp. des Incurables. 4-c.	r. du F. s. Martin.	hommes non-guérissables.
Hosp. des Incurables. 11-c.	rue de Sèvres.	femmes non-guérissables.
Hosp. des Orphelins. 13-d.	r. du F. s. Antoine.	orphelins et orphelines.
Hosp. des Aveugles. 13-d.	rue de Charenton.	420 aveugles.
Hosp. de Bicêtre......	extrà-muros.	hommes infirm., fous et prisonn.

HOTELS DES MINISTRES.

Hôtels.		Situation.
Hôtel du ministre des relations extérieures. .	11-d.	rue du Bac.
Hôtel du ministre des relations extérieures. . .	11-b.	en constr., quai Bonaparte.
Hôtel du grand-juge, ministre de la justice. .	6-b.	place Vendôme.
Hôtel du ministre de l'intérieur.	11-a.	rue de Grenelle.
Hôtel du ministre des finances.	7-a.	r. Neuve-des-Petits-Champs.
Hôtel du ministère du trésor impérial.	7-a.	r. Neuve-des-Petits-Champs.
Hôtel du ministre du trésor impérial.	6-b.	rue Neuve des Capucines.
Hôtel du ministère de la guerre.	6-c.	rue de Lille.
Hôt. du ministre-direct. de l'adm. de la guerre.	11-c.	rue de Varennes.
Hôt. du ministre de la marine et des colonies.	6-b.	rue de la Concorde.
Hôtel du ministre de la police générale. . . .	12-a.	quai Malaquais.
Hôtel du ministre des cultes.	8-c.	rue et hôt. du Temple.
Hôt. du minist. des manufact. et du commerce.	7-a.	rue Grange-Batelière.
Hôtel du ministre-secrétaire-d'état.	7-c.	place du Carrousel.

HOTELS DES ADMINISTRATIONS.

Hôtels.		Situation.
Hôtel de l'Admin. gén. des Droits-Réunis.	12-b.	rue ste. Avoie, n° 44.
Hôtel de l'Ad. gén. de l'Enr. et des Dom. .	7-a.	rue de Choiseul, n° 2.
Hôtel de l'Adm. des Poudres et Salpêtres. .	13-c.	cour de l'Arsenal.
Hôtel de l'Admin. des Postes et Relais. . .	7-c.	rue J. J. Rousseau.
Hôtel de l'Administration des Douanes. . .	7-a.	rue Montmartre, n° 178.
Hôtel de l'Administration gén. des Forêts. .	7-a.	r. Neuvest. Augustin, n°. 23.
Hôtel de l'Admin. du Timbre extraordinaire.	6-b.	rue Napoléon.
Hôtel de l'Admin. de la Loterie Impériale. .	7-a.	r. n. des Pet.-Champs, n° 42.
Hôtel de l'Administration des Monnaies. . .	12-a.	quai de la Monnaie.

HOTELS
DU GOUVERNEMENT DE PARIS.

Hôtels.		Situation.
Hôtel du Gouverneur de Paris.	6-a.	rue des Champs-Elysées.
Hôtel du Commandant en chef.	6-b.	place Vendôme, n° 22.
Hôtel de l'Etat-Major-Général.	6-b.	place Vendôme, n° 7.
Hôtel de la Préfecture du département. . .	12-b.	place de l'Hôtel-de-Ville.
Hôtel de la Préfecture de police.	12-a.	rue de Jérusalem.

HOTELS DES MAIRIES.

Paris est divisé en douze arrondissemens municipaux ou mairies, et sous-divisé en quarante-huit quartiers, chaque arronsement étant composé de quatre. Ces quartiers ont subi en 1812 quelques changemens dans leurs dénominations, comme peut le voir ici. Chaque arrondissement a un maire, un juge de paix, un percepteur des contributions, un receveur de l'enretrement, un bureau de bienfaisance, et chaque quartier un commissaire de police.

Mairies du	Situation.	Noms des nouveaux Quartiers.	P
1er Arr.	rue du Fg. st. Honoré.	6-b. Roule, Champs-Elysées, place Vendôme, Tuileries	44
2e Arr.	rue d'Antin.	6-b. Chaussée-d'Antin , Palais-Royal, Feydeau, Faubourg Montmartre	54
3e Arr.	place des Petits-Pères.	7-a. Faubourg Poissonnière, Montmartre, Saint Eustache, Mail	37
4e Arr.	place du Chev.-du-Guet.	12-b. Saint Honoré, Louvre, Marchés, Banque de France.	41
5e Arr.	rue Grange-aux-Belles.	8-a. Faubourg st. Denis, porte st. Martin, Bonne-Nouvelle, Montorgueil.	43
6e Arr.	rue st. Martin.	7-d. Porte st. Denis, Saint Martin, Lombards, Temple.	63
7e Arr.	rue ste. Avoie.	7-d. Sainte Avoie, Mont-de-Piété, Marché st. Jean, Arcis.	42
8e Arr.	place des Vosges.	13-a. Marais, Popincourt, Faubourg st. Antoine, Quinze-Vingts.	50
9e Arr.	rue de Jouy.	13-c. Ile st. Louis, Hôtel-de-Ville, Cité, Arsenal.	35
10e Arr.	rue de Verneuil.	11-b. La Monnaie , st. Thomas-d'Aquin, Invalides, Faubourg st. Germain.	68
11e Arr.	r. du Vieux-Colombier.	11-d. Luxembourg, Ecole de Médecine, Sorbonne, Palais-de-Justice..	55
12e Arr.	rue st. Jacques.	17-c. Saint-Jacques, Saint Marcel , Jardin des Plantes, Observatoire.	64

Habitans. 592

(55)

HOTELS
REMARQUABLES PAR LEUR ARCHITECTURE,
OU LEUR IMPORTANCE.

Le nom de ces Hôtels est presque toujours celui du fondateur; nom que le public se plaît à leur conserver, à moins qu'une restauration considérable, ou d'autres circonstances marquantes, n'en aient changé ou fait oublier le nom d'origine, pour y substituer celui du nouveau propriétaire.

Hôtels.		Situation.
Hôtel-Abbatial	12-c.	rue Neuve de l'Abbaye, n° 1.
Hôt.-d'Abrantès	11-c.	rue des Champs-Elysées, n° 6.
Hôtel-Abrial	11-c.	rue Plumet, n° 18.
Hôt.-d'Affry	11-b.	rue des Saints-Pères, n° 13.
Hôt.-d'Aguesseau	11-b.	actuellement Hôtel Legrand.
H.-st.-Aignan	7-d.	rue ste. Avoie, n° 57.
Hôt.-d'Aiguillon	11-a.	rue de l'Université, n° 67.
Hôt.-d'Aiguilly	13-a.	rue de Turenne, n° 40.
Hôt.-d'Albret	13-a.	rue des Francs-Bourgeois, n° 7.
Hôt.-d'Aligre	11-b.	Voyez Hôtel-Beauharnais.
Hôt.-d'Aligre	7-c.	rue st. Honoré, n° 123.
H.-de l'Amortissement	7-c.	rue de l'Oratoire, n° 1.
Hôt.-d'Angevilliers	7-c.	rue de l'Oratoire, n° 4.
Hôt.-d'Arbonne	8-c.	rue de Vendôme n° 3.
H.-des-Archives de l'Empire	12-b.	rue de Paradis, et rue du Chaume.
H.-des-Archives de st. Lazare	11-c.	rue de Fréjus.
Hôt.-d'Argenson	12-b.	Vieille rue du Temple, n° 26.
Hôt.-d'Argenson	5-a.	Champs-Elysées.
Hôt.-d'Argouges	12-b.	rue Bourtibourg, n° 21.
Hôt.-d'Aumont	12-c.	rue de Jouy, n° 9.
Hôt.-d'Aumont	11-b.	rue de Beaune, n° 2.
H.-des-Bains chinois	7-a.	boulevart des Italiens, n° 25.
H. de la Banque	7-c.	rue de la Vrillière.
Hôtel-Barbançon	11-c.	rue de Babylonne, n° 18.
Hôtel-Barmont	13-a.	Vieille rue du Temple, n° 118.
Hôtel-Barthélemy	2-d.	rue du Mont-Blanc, n° 43.
Hôtel-Basouin	3-c.	rue de la Victoire, n° 34.
Hôtel-Batave	7-d.	rue st. Denis, n° 124.
H.-de-Beaunes	16-b.	rue du Regard.
Hôtel-Beaufremont	11-b.	quai Voltaire.
Hôtel-Beauharnais	11-b.	rue de l'Université, n° 15.
Hôtel-Beaujon	1-d.	rue du Faubourg du Roule, n° 77.
Hôtel-Beaumarchais	13-c.	boulevart st. Antoine, n° 2.
Hôtel-Beauvais	13-a.	rue st. Antoine, n° 62.
Hôtel-Beauveau	6-a.	rue du Faubourg st. Honoré, n° 90.
H.-de-Bénévent	11-c.	rue de Varennes, n°s 23 et 25.
H.-de-Béthune	11-b.	rue st. Guillaume, n° 20.
H.-de-Beurnonville	6-a.	rue du Faubourg st. Honoré, n° 51.
Hôtel-Bezon	7-a.	rue Vivienne, n° 16.
H.-de-Bezenval	11-a.	Voyez Hôtel-de-Chabrillant.

Hôtels.		Situation.
H. de la Bibliothèque.	7-a.	rue Richelieu.
Hôtel-Bigot-Préameneu. . . .	11-c.	rue de Varennes, n° 17.
Hôtel-Biron.	11-c.	rue de Varennes, n° 41.
Hôtel-Boisgelins.	13-c.	rue st. Antoine, n° 143.
H. de la Boissière.	2-b.	rue de Clichy, n° 50.
Hôtel-Boston.	7-a.	rue Vivienne, n° 13.
Hôtel-Boulainvilliers.	7-a.	rue Bergère, n° 9.
H.-de-Boulogne	11-b.	rue st. Honoré, n° 325.
H.-de-Boulogne	11-b.	rue du Bac, n° 42.
H.-de-Boulogne	11-b.	rue st. Dominique, n° 52.
H.-de-Boynes	4-c.	rue du Faubourg st. Martin.
Hôtel-Brancas.	12-c.	rue de Tournon, n° 6.
Hôtel-Bretonvilliers.	13-c.	rue Bretonvilliers, n° 2.
H.-de-Brevannes	8-c.	rue d'Orléans, n° 7.
H.-de-Brienne.	11-a.	Voyez Palais de Madame-Mère.
H.-de-Brissac.	11-a.	Voyez Hôtel du ministre de l'Intérieur.
H.-de-Broglie.	11-b.	Voyez H.-de-Chanteloup.
Hôtel-Brune.	2-d.	rue Neuve des Mathurins, n° 74.
H.-de-Brunoy	6-a.	Voyez H.-de-Beurnonville.
H.-de-Bouillon.	12-a.	quai Malaquais, n° 17.
H.-de-Bullion	7-c.	rue J. J. Rousseau, n° 3.
H.-du-Cadastre.	7-b.	rue de Cléry, n° 19.
H.-de-Cadore	11-a.	rue de Grenelle, n° 121.
Hôtel-Cafarelli	11-c.	rue de Babylone, n° 10.
H.-de-Cambis	8-c.	rue d'Orléans, n° 5.
H.-de-Canillac.	13-a.	rue du Parc-Royal, n° 2.
H.-de-Caraman	11-a.	rue st. Dominique, n° 100.
H.-des-Cariatides	16-b.	Voyez Hôtel-Parker.
Hôtel-Carnavalet	13-a.	Voyez Hôtel-de-Pommereul.
H.-des-Carneaux.	12-a.	rue des Bourdonnais, n° 11.
Hôtel-Carvoisin	11-b.	rue de Lille, n° 55.
H.-de-Castellane.	11-b.	rue de Grenelle, n° 64.
H.-de-Castiglione	11-a.	rue de Grenelle, n° 116.
H.-de-Castres	11-c.	rue de Varennes, n° 22.
H.-de-Castries.	11-a.	rue de Varennes, n° 24.
Hôtel-Cérutti	7-a.	rue de Cérutti, n° 1.
Hôtel-Chabannes.	11-b.	Voyez Hôt.-de-Vertillac.
Hôtel-Chabanais.	14-a.	rue de Charonne, n° 165.
H.-de-Chabrillant	11-a.	rue de Grenelle, n° 126.
H.-de-Chabrillant	11-a.	rue de Grenelle, n° 138.
H.-de-Chalais	11-a.	rue st. Dominique, n° 93.
H.-de-Châlons.	16-b.	rue du Regard, n° 13.
H. de la Chancellerie d'Orléans.	7-c.	rue des Bons-Enfans, n° 19.
H.-de-Chanteloup.	11-b.	rue st. Dominique, n°s 70 et 72.
Hôtel-Charny	12-d.	rue des Barrés, n° 4.
Hôtel-Charost.	6-d.	rue de Lille, n° 84.
H.-du-Châtelet	11-a.	Voyez Hôtel-de-Cadore.
H.-de-Châtillon.	11-d.	rue de la Planche, n° 23.
Hôtel-Chavaudon.	12-a.	rue des Petits-Augustins, n° 1.
Hôtel-Chenizot.	12-d.	rue Blanche-de-Castille, n° 45.
Hôtel-Choiseul.	11-b.	rue de l'Université, n° 49.
Hôtel-Choiseul.	3-c.	V. Hôtel-du-Ministre-du-Commerce.
Hôtel-Choiseul.	11-b.	actuellement Hôtel-Mazarin.
Hôtel-Clément-de-Ris	16-b.	rue Madame, n° 11.
Hôtel-Clermont-Tonnerre. . .	11-d.	rue du Bac, n° 112.

8

Hôtels.		Situation.
Hôtel-Clermont-Tonnerre.	16-b.	rue du Petit-Vaugirard, n° 9.
H.-de-Cluny.	12-c.	rue des Mathurins, n° 14.
Hôtel-Colbert	7-a.	rue du Croissant, n° 16.
Hôtel-Colbert	7-a.	rue Vivienne, n° 16.
H.-des-Colonnes	12-c.	rue st. André-des-Arts, n° 55.
H.-des-Colonies	7-a.	rue Richelieu, n° 62.
Hôtel-Condé.	11-c.	rue de Fleurus, n° 8.
Hôtel-Conegliano	6-a.	rue du Faubourg st. Honoré, n° 73.
H.-du-Conservatoire	7-b.	rue Bergère, n° 2.
Hôtel-Contades	6-a.	rue d'Anjou, n° 9.
Hôtel-Corberon.	13-a.	rue Barbette, n° 2.
H. de la Correspondance.	7-a.	rue Neuve st. Augustin.
Hôtel-Coreisart.	11-a.	rue st. Dominique, n°. 87.
Hôtel-Cossé.	11-d.	rue du Pot-de-Fer, n° 8.
H. de la Cour-des-Comptes.	12-a.	cour de la ste. Chapelle, n° 4.
H.-de-Créquy	11-d.	rue de Grenelle, n° 9.
H.-de-Croy.	16-b.	rue du Regard, n° 5.
Hôt. st. Cyr.	13-a.	rue des Francs-Bourgeois, n° 10.
H.-de-Dalmatie	11-b.	rue de l'Université, n° 57.
H.-de-Dantzick	17-a.	rue d'Enfer, n° 32.
Hôtel-Dardivilliers.	2-c.	rue de la Pépinière, n° 64.
Hôtel-Delaage.	7-a.	rue Grange-Batelière, n° 2.
Hôtel-Delessert	7-c.	rue Coq-Héron, n° 3.
Hôtel-Démonville.	11-a.	rue st. Dominique, n° 95.
H.-du-Dépôt de la Guerre	11-a.	rue de l'Université, n° 106.
H.-du-Dépôt de la Marine.	6-b.	rue de la place Vendôme, n° 21.
H.-du-Dépôt des Fortifications.	11-b.	rue st. Dominique, n° 63.
H.-du-Dépôt d'Artillerie.	11-b.	rue de l'Université, n° 13.
Hôtel-Destillières.	7-a.	rue Richelieu, n° 108.
H.-du-Directeur de l'Imprimerie.	13-d.	rue Culture ste. Catherine, n° 27.
H.-du-Directeur des Trav. pub.	11-d.	rue du Bac, n° 88.
Hôtel-Dubreton.	11-b.	rue de l'Université, n° 84.
Hôtel-Duras.	6-a.	rue du Faubourg st. Honoré, n° 64.
Hôtel-Dubois-Dubay	16-b.	rue du Mont-Parnasse, n° 4.
H.-des-Eaux thermales	2-d.	rue st. Lazarre, n° 88.
Hôt.-d'Ecmülh.	11-a.	rue st. Dominique, n° 107.
Hôt.-d'Elchingen.	11-b.	rue de Lille, n° 74.
Hôt. de l'Empire.	3-c.	rue Cérutti, n° 13.
Hôtel-Enfantin	7-d.	rue Coq-Héron, n° 5.
Hôt.-d'Entragues.	12-c.	rue de Tournon, n° 12.
Hôt.-d'Epernon	8-c.	Vieille rue du Temple, n° 124.
Hôt.-d'Espagnac	6-a.	rue d'Anjou, n° 11.
Hôt.-d'Espinasse	11-d.	rue de Grenelle, n° 7.
H. de la Faculté de Droit.	17-a.	place du Panthéon.
H. de s. Fargeau.	13-a.	rue Culture ste. Catherine, n° 35.
H.-de-Feltre.	11-b.	rue de Grenelle, n° 79.
Hôtel-Fénélon	13-c.	rue Blanche-de-Castille.
H.-des-Fermes.	7-c.	r. de Grenelle, n° 55, et r. du Boulol, n° 87.
Hôt.-Flamarin.	11-a.	rue de Grenelle, n° 87.
Hôtel-Fleury.	11-b.	rue des sts. Pères.
Hôtel-Fleury.	16-b.	rue Neuve Notre-Dame-des-Champs.
H.-st.-Florentin.	6-a.	carrefour de la Ville-l'Evêque.
H.-ste.-Foix.	6-b.	rue Basse-du-Rempart.
H.-des-Forêts.	7-a.	rue Neuve st. Augustin, n° 23.
Hôtel-Foulon.	8-a.	rue des Fossés du Temple, n° 77.

Hôtels.	Situation.
Hôtel–Frascati.	7–a. *Voyez* Hôtel–Destillières.
Hôtel–Friant.	8–c. rue de Vendôme , n⁰ 11.
H.–st.–Germain.	2–d. rue st. Lazare , n⁰ 57.
H.–de–Gèvres.	7–a. rue Neuve st. Augustin.
H.–des–Glaces.	19–a. rue de Reuilly.
H.–des–Gobelins	20–b. rue Monffetard.
Hôtel–Godon.	5–b. rue Neuve de Berry.
H.–de–Grammont.	2–b. rue de Clichy.
Hôtel–Grange–Batelière . . .	3–c. rue Pinon , n⁰ 2.
H.–de–Grenelle.	10–c. place Dupleix.
Hôtel–Guémenée.	13–c. cul-de-sac Guémenée.
H.–de–Guerchy.	11–b. rue st. Dominique , n⁰ 65.
H.–de–Guiche.	16–b. rue du Regard.
Hôt.–d'Harcourt.	11–b. *Voyez* Hôtel–de–Feltre.
Hôt.–d'Harville.	11–b. rue de Lille , n⁰ 54.
Hôtel–Hasten	3–c. rue st. Georges , n⁰ 34.
Hôtel–Henri–le–Grand. . .	3–c. rue st. Georges , n⁰ 13.
Hôt.–d'Herbouville	13–a. rue Pavée , n⁰ 3.
Hôtel–Hocquart	13–a. rue Payenne , n⁰ 11.
H.–de–Hollande	13–a. Vieille rue du Temple , n⁰ 51.
H.–des–Hypothèques. . . .	7–d. rue Michel-le-Comte , n⁰ 32.
H. de l'Imprimerie impériale. .	13–a. Vieille rue du Temple.
H. de l'Infantado	6–d. rue st. Florentin , n⁰ 2.
H. de l'Intendance.	8–c. *Voyez* Hôtel–Friant.
Hôtel–Isabeau	12–a. quai de l'Horloge.
Hôtel–Jabach.	12–b. rue Neuve st. Médéric , n⁰ 16.
Hôtel–Jarnac.	11–c. rue de Fréjus.
Hôtel–Jassaud.	12–d. quai d'Alençon , n⁰ 19.
Hôtel–Johannot	3–d. rue Richer , n⁰ 8.
H.–de–Joigny.	13–a. rue de Thorigny , n⁰ 7.
Hôtel–Joyeuse	13–a. rue de Turenne , n⁰ 9.
Hôtel–Juigné.	12–a. *Voyez* Hôtel du Ministre de la Police gén.
H.–de–Jumillac.	16–b. *Voyez* Hôtel–de–Montigny.
Hôtel–Kellermann.	11–b. rue st. Dominique , n⁰ 54.
Hôtel–Klein	11–a. rue de Lille , n⁰ 87.
Hôtel–Laboissière.	2–b. rue de Clichy , n⁰ 50.
Hôtel–Labriffe.	11–b. quai Voltaire , n⁰ 8.
Hôtel–Lamoignon.	13–a. rue Pavée , n⁰ 24.
H.–de–Lasalle	11–a. rue de Grenelle , n⁰ 83.
H.–de–Launai.	13–c. rue Neuve st. Paul.
Hôtel–Lauraguais.	11–b. rue de Lille , n⁰ 17.
Hôtel–Laval	16–b. boulevart du Mont–Parnasse.
Hôtel–Leblanc.	7–b. rue de Cléry , n⁰ 27.
H. de la Légion–d'Honneur. .	11–b. rue de Lille , n⁰ 70.
Hôtel–Legrand.	11–b. rue st. Dominique , n⁰ 69.
Hôtel–Lembert	13–c. rue Blanche-de-Castille , n⁰ 2.
Hôtel–Lignerac.	11–a. actuellement Hôtel–Corvisart.
H.–de–Lorges.	16–a. rue de Sèvres , n⁰ 95.
H.–de–Luynes.	11–b. rue st. Dominique , n⁰ 33.
Hôtel–Mailly.	11–b. rue de l'Université , n⁰ 45.
Hôtel–Mailly.	16–b. rue Neuve Notre-Dame-des-Champs.
Hôtel–Malesherbes	3–a. rue des Martyrs , n⁰ 59.
Hôtel–Marbeuf.	6–a. *Voyez* Hôtel–de–Saligny.
Hôtel–Mareschalchi	5–b. rue d'Angoulême , n⁰ 8.
Hôtel–Mareuil	13–c. quai des Célestins , n⁰ 10.

Hôtels.		Situation.
Hôtel-Masserano	16-a.	boulevart des Invalides.
Hôtel-Masslac	7-c.	place des Victoires.
Hôtel-Matignon	11-d.	actuellement Hôtel-d'Osambray.
Hôtel-Mazarin	11-b.	quai Voltaire, n° 5.
H.-des-Menus	3-d.	rue du Faubourg Poissonnière.
Hôtel-Meslay	7-b.	rue du Sentier, n° 20.
H.-des-Messageries	7-a.	rue Notre-Dame-des-Victoires.
H.-de-Mestres	8-c.	rue de Turenne.
H.-des-Mines	11-a	rue de l'Université, n° 61.
H. de la Michodière	8-c.	rue de Brocque, n° 2.
H. de la Michodière	8-c.	rue du Grand-Chantier.
Hôtel-Mirabeau	12-a.	rue de Seine, n° 6.
H.-de-Mirepoix	11-a.	rue st. Dominique, n° 104.
Hôtel-Molé	11-b.	Voyez Hôtel-de-Parme.
Hôtel-Monaco	11-a.	Voyez Hôtel-d'Ecmülh.
Hôtel-Mondragon	6-b.	rue d'Antin, n° 3.
H.-de-Morfontaine	6-a.	rue du Faubourg st. Honoré, n° 43.
H.-de-Montaigu	12-c.	rue Servandoni.
Hôtel-Montalembert	13-b.	rue de la Roquette, n° 90.
Hôtel-Montchenu	6-a.	rue du Faubourg st. Honoré, n°s 33 et 35.
H.-du-Mont-de-Piété	12-b.	rue des Blancs-Manteaux.
H.-du-Mont-de-Piété	7-a.	rue Vivienne, n° 18.
H.-de-Montebello	11-c	rue de Varennes, n° 27.
Hôtel-Montesquiou	11-b.	rue de l'Université, n° 94.
Hôtel-Montesquiou	11-c.	rue de Fréjus, n° 12.
Hôtel-Montesson	2-d.	rue du Mont-Blanc, n° 40.
H.-de-Montfermeil	2-d.	Voyez Palais-Cardinal.
Hôtel-Montholon	7-a.	boulevart Poissonnière, n° 23.
Hôtel-Montholon	7-d.	rue ste. Avole, n° 63.
H.-de-Montigny	16-b.	rue st. Maur, n° 12.
Hôtel-Montmorency	7-a.	rue st. Marc, n° 10.
Hôtel-Montmorency	6-b.	actuellement Hôtel-Sommariva.
Hôtel-Montmorency	6-a.	Voyez Hôtel-de-Trévise.
H.-de-Mortagne	13-d.	rue de Charonne, n° 47.
H.-de-Mortemart	11-b.	rue st. Guillaume, n° 18.
Hôtel-Mosselman	6-b.	rue du Mont-Blanc, n° 7.
Hôtel-Mouchy	11-a.	Voyez Hôtel-des-Mines.
H.-du-Muy	11-b.	rue de Lille, n° 3.
Hôtel-Nadara	6-b.	Voyez Hôtel-des-Salines-de-l'Est.
Hôtel-Nansouty	11-b.	rue de Lille, n° 53.
Hôtel-Narbonne	11-d.	rue de la Planche, n° 21.
Hôtel-Nemond	12-d.	quai de la Tournelle, n° 3.
H.-de-Neuchâtel	6-b.	boulevart des Capucines, n° 15.
Hôtel-Nicolaï	13-a.	place des Vosges, n° 9.
H.-de-Nivernois	12-c.	rue de Tournon, n° 10.
H.-de-Noailles	6-d.	Voyez Hôtel-de-Plaisance.
H.-du-Nord	7-a.	rue Richelieu, n° 97.
Hôtel-Novion	11-d.	rue de la Planche, n° 11.
H. de l'Octroi-municipal	11-b.	quai Malaquais, n° 23.
Hôt.-d'Ogny	7-a.	rue Grange-Batelière, n° 6.
Hôt.-d'Ogny	2-b.	rue de Clichy, n° 30.
Hôt.-d'Orléans	3-c.	rue de Provence.
Hôt.-d'Ormesson	13-c.	rue st. Antoine, n° 212.
Hôt.-d'Orçay	11-c.	rue de Varennes, n° 35.
Hôt.-d'Osambray	11-d.	rue st. Dominique, n° 11.

Hôtels.	Situation.
Hôt.-d'Otrante	11-b. rue du Bac, n° 34.
H.-de-Padoue	6-b. rue du Mont-Blanc, n° 11.
Hôtel-Parker.	16-d. rue du Mont-Parnasse, n° 5.
H.-de-Parme.	11-b. rue st. Dominique, n°s 58, 60 et 62.
Hôtel-Pelletier.	12-b. Vieille rue du Temple, n° 32.
Hôtel-Penthièvre.	7-c. Voyez Hôtel de la Banque de France.
Hôt.-Perregaux	6-b. rue du Mont-Blanc, n° 9.
Hôtel-Peyrusse.	16-b. rue du Petit-Vaugirard, n° 5.
H.-de-Plaisance	6-d. rue st. Honoré. n° 335.
H.-de-Poitiers	11-b. rue st. Dominique, n° 73.
H.-de-Pommereul	13-a. rue Culture ste. Catherine, n° 27.
H.-de-Pons	11-d. rue des sts. Pères, n° 50.
Hôtel-Pontchartrain	7-a. Voyez Hôtel du Ministre des Finances.
Hôtel-Ponte-Corro.	2-d. rue d'Anjou, n° 28.
H.-des-Postes.	6-d. en construction rue de Rivoli.
Hôtel-Praslin	6-a. rue Matignon, n° 1.
H.-du-Presbytère	7-c. rue Traînée.
H.-des-Princes	7-a. rue Richelieu, n° 109.
Hôtel-Quatremer	7-c. rue du Bouloy, n° 2.
H.-de-Quesrhouen	16-a. rue de Sèvres, n° 111.
Hôtel-Rampond.	11-c. rue de Varennes, n° 12.
Hôtel-Rapp	11-c. rue Plumet, n° 29.
Hôtel-Réal.	11-b. rue de Lille, n° 1.
Hôtel-Regnault	3-c. rue de Provence, n° 54.
H.-de-Reggio.	11-a. rue Bourgogne. n° 32.
Hôtel-Repond.	3-c. rue de Provence, n° 56.
Hôtel-Richepanse.	16-a. boulevart des Invalides, n° 16.
Hôtel-Richelieu	6-b. rue Neuve st. Augustin, n° 30.
H.-de-Rivoli.	6-c. rue de Lille, n° 94.
H.de la Rochefoucault	11-c. rue de Varennes, n° 33.
H.de la Rochefoucault	12-a. rue de Seine, n° 12.
H.-de-Rohan.	11-c. Voyez Hôtel-de-Montebello.
H.-de-Rome	11-a. rue st. Dominique.
Hôtel-Rœderer.	6-a. rue du Faubourg st. Honoré, n° 99.
H.-de-Saligny	6-a. rue du Faubourg st. Honoré, n° 31.
H.-des-Salines de l'Est . . .	7-a. rue de la place Vendôme, n° 25.
H.-de-Salm.	11-b. Voyez Hôtel de la Légion-d'Honneur.
H.-st.-Sauveur	6-a. rue du Faubourg st. Honoré, n° 29.
Hôtel-Savalette	6-d. rue st. Honoré, n° 348.
H.de la Savonnerie	5-c. quai de Billy.
Hôtel-Sébastiani.	6-a. rue du Faubourg st. Honoré, n° 55.
H.-de-Ségur	6-a. rue du Faubourg st. Honoré, 41.
H.-de-Ségur	6-a. rue des Saussaies, n° 13.
Hôtel-Seignelay	11-c. Voyez Hôtel-Démonville.
H.-de-Sémonville.	11-a. rue de Varennes, n° 37.
H.-de-Sens.	13-c. rue du Figuier, n° 1.
H.-de-Sens.	11-a. rue de Grenelle, n° 136.
H.-du-Silenne.	16-b. Voyez Hôtel-Dubois-Dubay.
Hôtel-Simons.	6-a. rue du Faubourg st. Honoré.
Hôtel-Soehnée	7-a. rue Richelieu, n° 106.
Hôtel-Sommariva.	6-b. rue du Mont-Blanc, n° 3.
Hôtel-Soiecourt.	11-b. rue de l'Université, n° 43.
H.-de-Soubise	12-b. Voyez Hôtel des Archives impériales.
H.-de-Soubise.	6-b. rue de l'Arcade.
H.-de-Sourdis	12-a. rue des Fossés st. Germain-l'Auxerrois.

Hôtels.		Situation.
H.-de-Stainville.	7-a.	rue Cérutti, n° 3.
H.-de-Strasbourg.	13-a.	Voyez Hôtel-de-l'Imprimerie impériale.
H.-des-Tabacs.	5-d.	en construction, quai des Invalides.
Hôtel-Talard.	8-c.	rue des Enfans-Rouges, n° 2.
Hôtel-Talleyrand.	6-a.	rue d'Anjou.
H.-du-Temple.	8-c.	Voyez Hôtel du Ministre des Cultes.
Hôtel-Tessé.	11-b.	quai Voltaire, n° 1.
Hôtel-Tessé.	11-a.	rue de Varennes, n° 26.
Hôtel-Thamney.	3-c.	rue Chauchat.
Hôtel-Thélusson.	3-c.	rue de Provence, n° 28.
Hôtel-Thouroux.	3-c.	rue de la Victoire, n° 28.
Hôtel-Titon.	3-d.	rue du Faubourg Poissonnière, n° 58.
H.-de-Tivoli.	2-d.	rue de Clichy, n° 19.
H.-de-Toulouse.	11-d.	rue du Cherche-Midi, n° 39.
H.de la Tour-du-Pin.	13-a.	Vieille rue du Temple, n° 75.
H.-de-Tours.	11-c.	rue du Paon, n° 8.
H.-de-Trante.	11-b.	rue de l'Université, n° 33.
H.de la Tremouille.	12-b.	rue ste. Avoie, n° 42.
H.de la Tremouille.	16-b.	rue de Vaugirard.
H.de la Tremouille.	11-b.	Voyez Hôtel-du-Dépôt des Fortifications.
H.-de-Trévise.	6-b.	rue de Lille, n° 88.
H.-du-Tribunal de Commerce.	12-b.	rue du cloître st. Méry.
Hôtel-Trudaine.	7-d.	rue des Vieilles-Audriettes.
H.-de-Turenne.	13-a.	rue de Turenne, n° 50.
Hôtel-Turgot.	8-c.	rue Porte-Foin, n° 12.
H.-d'Usez.	7-a.	Voyez Hôtel-des-Douanes.
H.-de-Valbelle.	11-b.	Voyez Hôtel-d'Otrante.
H.-de-Valentinois.	2-d.	Voyez Hôtel-de-Bénévent.
H.-de-Valentinois.	2-b.	rue st. Lazare, n° 56.
H.-de-Valentinois.	11-b.	rue de Lille, n° 51.
H.de la Vallière.	11-d.	rue du Bac, n° 132.
H.-de-Valmy.	11-b.	rue st. Dominique, n° 541
Hôtel-Vandemont.	2-d.	rue st. Lazare, n° 60.
H.-de-Vendôme.	17-a.	rue d'Enfer, n° 44.
Hôtel-Vibray.	12-b.	Vieille rue du Temple, n° 19.
Hôtel-Vic.	7-d.	rue st. Martin.
H de la Vieuville.	13-c.	rue st. Paul, n° 2.
H.-de-Villette.	11-b.	rue de Beaune, n° 1.
H.-de-Villedeuil.	13-a.	place des Vosges, n° 14.
H.-de-Villeroy.	11-b.	act. Hôtel de l'Administ. Télégraphique.
Hôtel-Vindey.	11-a.	rue Grange-Batelière, n° 1.
Hôt.-Walther.	11-a.	rue st. Dominique, n° 103.
Hôt.-Wenzel.	8-c.	rue Charlot, n° 18.
Hôt.-Xavier.	6-a.	Voyez Hôtel Sébastiani.

CLOTURES
ANCIENNES ET MODERNES,

Qui indiquent les différens accroissemens de la ville de Paris, depuis Jules César, c'est-à-dire, depuis environ l'an 56, avant l'ère chrétienne, jusqu'à nos jours. *Voyez*, pour l'intelligence de ce tableau, le plan général des Clôtures qui se trouve placé à la fin des gravures. Quant à la colonne des chiffres de renvoi, elle se rapporte aux 20 planches du grand plan, et donne la position des portes de ces différentes Clôtures.

PREMIÈRE CLOTURE,
Sous Jules César, vers l'an 56 avant J. C.

Portes		Situation.
Porte du Grand-Pont.	12-*b.*	place du Châtelet, en face le Pont-au-Change.
Porte du Petit-Pont.	12-*d.*	place du Petit-Pont, près la rue de la Bucherie.

DEUXIEME CLOTURE,
Sous Hugues-Capet, vers l'an 990.

Portes(de l'Est à l'Ouest.)		Situation.
Porte orient. de la Seine.	12-*b.*	quai de Gèvre, près la rue des Plumets.
Tour du Pet-au-Diable.	12-*b.*	rue du Monceau, près celle du Sanhédrin.
Porte-de-l'Est.	12-*b.*	rue de la Verrerie, en face celle des Deux-Portes.
Archet-st.-Méry.	12-*b.*	rue st. Martin, près l'église st. Méry.
Porte-du-Nord.	12-*b.*	rue st. Denis, près celle des Lombards.
Porte-de-l'Ouest	12-*b.*	près la r. des Lavandières et celle des Deux-Boules.
Porte occ. de la Seine	12-*a.*	quai de la Mégisserie, près la rue de l'Arche-Pépin.

TROISIEME CLOTURE,
Sous Philippe Auguste, en 1190.

Portes(de l'Est à l'Ouest.)		Situation.
Tour-Barbeau.	13-*c.*	quai st. Paul, près la rue de l'Etoile.
Porte-des-Béguignes.	13-*c.*	r. des Barrés, en face l'anc. couv. de l'Ave-Maria.
Fausse-Poterne	13-*c.*	rue des Prêtres st. Paul, près celle des Jardins.
Porte-Baudier.	13-*c.*	r. st. Antoine, au coin de celle Cult ste. Catherine.
Porte-Barbette.	13-*a.*	Vieille r. du Temple, près celle des Blancs-Manteaux.
Porte-du-Chaume.	12-*b.*	rue du Chaume, près celle de Paradis.
Porte-ste-Avoie	7-*d.*	r. ste. Avoie, près celle de Braque, en face la Mairie.
Porte-Nicolas-Huidelon.	7-*d.*	rue Beaubourg, près le passage de la Réunion.
Porte-st.-Martin.	7-*d.*	rue st. Martin, en face celle Grenier-st.-Lazare.
Porte-aux-Peintres.	7-*d.*	rue st. Denis, en face le cul-de-sac des Peintres.
Porte-d'Artois.	7-*d.*	r. Montorgueil, en face le cul-de-sac des Bouteilles.
Porte-st.-Eustache.	7-*c.*	r. Montmartre, entre la r. J.J. Rous. et celle du Jour.
Porte-au-Coquiller.	7-*c.*	rue Coquillière, près la rue Oblin.
Porte-st.-Honoré	7-*c.*	rue st. Honoré, en face l'église de l'Oratoire.

Portes(de l'Est à l'Ouest.)   *Situation.*

Porte-du-Louvre	12-*a.*	quai du Louvre, en face le Pont-des-Arts.
Porte-st.-Bernard . . .	12-*d.*	quai de la Tournelle, près le pont de la Tournelle.
Porte-st.-Victor	17-*b.*	rue st. Victor, près celle des Fossés st. Victor.
Porte-Bordelle	17-*b.*	rue Bordet, en face la cour de Bavière.
Porte-st.-Jacques . . .	17-*a.*	rue st. Jacques, près celle Soufflot.
Porte-Gibard	17-*a.*	place st. Michel, au coin de la rue des Grés.
Porte-st.-Germain . . .	12-*c.*	rue de l'Ecole de Médecine, en face celle du Paon.
Porte-de-Bussy	12-*c.*	rue André-des-Arts, en face celle Contrescarpe.
Porte-Dauphine	12-*c.*	rue de Thionville, en face celle Contrescarpe.
Tour-de-Nesle	12-*a.*	là où est le pavillon oriental du Palais des B.-Arts.

QUATRIEME CLOTURE,
Sous Charles V, en 1367.

Portes(de l'Est à l'Ouest.)   *Situation.*

Porte de la Rive droite . .	18-*a.*	quai Morland, en face le boulevart Bourdon.
Tour-de-Billi	13-*c.*	boulevart Bourdon, près la r. N.-de-la-Cérisaie.
Porte-st.-Antoine	13-*c.*	place de la Bastille, en face la rue Jean-Beausire.
Porte-du-Temple	8-*a.*	rue du Temple, en face celle Vendôme.
Porte-st.-Martin	7-*b.*	rue st. Martin, en face la rue Meslay.
Porte-st.-Denis	7-*b.*	rue st. Denis, en face la rue ste. Appolline.
Porte-Montmartre. . . .	7-*a.*	r. Montmartre, en face celle des Fossés-Montmartre.
Porte-st.-Honoré.	7-*c.*	rue st. Honoré, en face celle des Boucheries.
Tour-de-Bois	11-*b.*	quai des Tuileries, près le Pont-Royal.

CINQUIÈME CLOTURE,

Commencée en 1566 sous Charles IX qui en posa la première pierre à la Porte de la Conférence, suspendue à cause des troubles civils, reprise et continuée en 1633, sous Louis XIII, jusqu'à la Porte-st.-Denis.

Portes(de l'Ouest à l'Est.)   *Situation.*

Porte de la Conférence. .	6-*c.*	quai des Tuileries, près du pont de la Concorde.
Porte-st.-Honoré.	6-*b.*	rue st. Honoré, près le boulevart de la Madeleine.
Porte-Gaillon	7-*a.*	rue de la Michaudière, près le carrefour Gaillon.
Porte-Richelieu.	7-*a.*	rue Richelieu, en face celle de Menars.
Porte-Montmartre. . . .	7-*a.*	rue Montmartre, en face celle des Jeûneurs.
Porte-de-la-Poissonnerie.	7-*b.*	rue Poissonnière, près le boulevart.

SIXIÈME CLOTURE,
Sous Louis XIV, en 1672.

Portes(de l'Est à l'Ouest.)   *Situation.*

Porte de la Rive droite .	18-*a.*	quai Morland, au coin du boulevart Bourdon. La clôture depuis ce point, jusqu'à la porte st. Antoine, étoit le mur des fossés de la Bastille, espèce d'enceinte fortifiée de bastions, commencée en 1553, sous Henri II, et prolongée jusque vers la rue de Ménilmontant dans la direction du boulevart. Le reste de l'enceinte suit le pourtour des boulevarts anciens, telle à peu près que nous la voyons encore aujourd'hui, c'est-à-dire, une simple plantation d'arbres, sans murs de clôtures.

Porte-st.-Antoine.	13-c.	place de la Bastille, en face la maison Beaumarchais.
Porte-st.-Louis	7-c.	rue st. Pierre, près la rue st. Sébastien.
Porte-du-Temple	8-a.	entre la rue du Temple et celle du F. du Temple.
Porte-st.-Martin.	7-b.	là, où nous la voyons encore aujourd'hui.
Porte-st.-Denis.	7-b.	là, où nous la voyons encore aujourd'hui.
Porte-ste.-Anne.	7-b.	à l'entrée de la rue du Fg. Poissonnière; la construction de cette porte datoit de 1645, vingt-sept ans avant la formation de la sixième clôture.
Porte-Montmartre.	7-a.	à l'entrée de la rue du Fg. Montmartre.
Porte-des-Porcherons.	6-b.	sur le boulevart, en face la rue du Mont-Blanc.
Porte de la Conférence	6-c.	q. des Tuileries, même porte que celle de la 5e clôt.
Porte-des-Chantiers.	18-a.	quai st. Bernard, près le pont d'Austerlitz.
Porte-st.-Médard.	17-d.	rue Mouffetard, près celle de Lourcine.
Porte d'Enfer.	17-c.	rue d'Enfer, en face celle de la Bourbe.
Porte-de-Vaugirard.	16-a.	boul. du Mont-Parnasse, en face de la r. de Vaugirard.
Porte de la Grenouillière.	6-c.	quai Bonaparte, en face la rue de Bourgogne, et plus tard, même quai, en face la rue d'Iéna.

SEPTIEME ET DERNIERE CLOTURE. (Etat actuel.)
Sous Louis XVI, en 1786.

Les distances, dont il est question ci-dessous, sont comptées à partir de la barrière par lieue de 2,000 toises, ce qui vaut 3 kilomètres 8 neuvièmes. Elles ne sont point exprimées, lorsque le lieu est à la porte de la barrière.

Barrières.		Environs à voir *extra muros.*	Arr.
Bar. des Amandiers.	9-c.	promen. champêtre et solitaire pendant 1 ou 2 l.	6
Barr. d'Arcueil.	20-a.	Bourg-la-Reine 1 l. 1/2, Sceaux 1 l. 3/4, Verrières 3 l. 1/2.	12
Bar. d'Aunay.	14-a.	Mont-Louis, et les jolis villages d'alentour.	8
Bar. des Bassins.	5-a.	Dans quelques années le parc du Roi de Rome.	1
Bar. de Belleville	8-b.	Belleville, P. st. Gerv. et Romainville 1 l. 1/4.	6
Bar. de Bercy.	18-d.	Bercy, Conflans et Carrières 3/4 de l.	8
Barr. Blanche	2-d.	S.-Ouen 1 l., Epinay 2 l., S. Gratien 2 l. 1/2.	2
B. de la Boyauterie.	4-b.	sol hideux, réceptacle des immondices de la vil.	5
B. de la Chopinette.	4-d.	la Butte-Chaumont, et de son sommet la vue de Paris.	5
Bar. de Clichy.	2-b.	Clichy 3/4 de l., Asnières 1 l., Argenteuil 2 l. 1/4	2
Bar. du Combat.	4-d.	le spectacle barbare du combat du Taureau.	5
Bar. de Courcelles.	1-b.	Villiers, la Planchette et Courcelles 3/4 de l.	1
B. des 3 Couronnes.	8-b.	même vue que par la barrière de Belleville.	6
Bar. de Croulebarbe.	20-d.	Gentilly 3/4 de l., Bicêtre 1 l., Villejuif 1 l. 1/2.	12
B. de la Cunette.	10-c.	La Plaine de Grenelle, et les bords de la Seine.	10
B. st.-Denis.	4-a.	Saint-Denis 1 l. 1/2, Montmorency 3 l. 1/4, Ecouen 4 l.	5
B. de l'Ecole-Militaire.	15-b.	Meudon 1 l. 3/4, à travers la plaine de Gren.	10
Bar. d'Enfer.	20-a.	Montrouge 1 l., Bagneux et Fontenay-aux-Roses 1 l. 1/2.	12
Bar. de Fontarabie.	14-b.	Charonne, et les villages d'alentour.	8
B. des Fourneaux.	16-c.	Vanvres 3/4 de l., Clamart 1 l. 1/2.	11
Bar. de Franklin.	10-a.	fondue dans le palais du Roi de Rome, en 1812.	
B. de la Gare.	18-d.	Ivry 1 l., Vitry 1 l. 1/2; Choisy 2 l. 1/4.	12

Barrières.		Environs à voir *extra-muros*.	Arr.
Barr. de Grenelle.	10-c.	comme par la barrière de l'Ecole - Militaire.	10
Barr. d'Italie.	20-d.	Bicêtre 3/4 de l. , Fontainebleau 13 l.	12
Barr. d'Ivry.	20-b.	l'abatoir de Villejuif, le hameau d'Austerlitz.	12
Barr. de Longchamp.	5-c.	doit être fond. dans le parc du p. du R. de Rome.	1
Barr. de Lourcine.	20-c.	le Petit-Gentilly, la Glacière	12
Barr. du Maine	16-c.	le Petit-Montrouge, la plaine de Montrouge.	11
B. de st. Mandé.	19-b.	S. Mandé, le bois et le chât. de Vincen. 3/4 de l.	8
Bar. de Marengo.	19-c.	Charenton et Alfort 1 l., Gros-Bois 4 l.	8
Bar. ste. Marie.	5-c.	fondue dans les jard. du pal. du R. de Rome.	1
Bar. des Martyrs.	3-a.	Montmartre et Clignancourt, 1 l.	2
Barr. de Ménilmontant	9-a.	Ménilmontant et les jolis villages d'alentour.	8
Barr. de Montmartre.	3-a.	Montmartre, le Télégraphe et la vue de Paris.	2
Barr. du Mont-Parnasse.	16-d.	comme par la bar. du Maine et celle d'Enfer.	11
Barr. de Montreuil.	14-d.	Montreuil 1 l., et les jolis villages d'alentour.	8
Barr. de Mouceaux	2-a.	Mouceaux, et comme la barrière de Clichy.	1
B. des Moulins.	20-b.	le hameau d'Austerlitz, et comme la b. d'Ivry.	12
Barr. de Neuilly.	1-c.	Neuilly 3/4 de l., Malmaison 3 l., st. Germain 4 l.	1
Bar. des Paillassons.	15-b.	l'abattoir de Grenelle, *intra-muros.*	10
Barr. de Pantin.	4-b.	Pantin 3/4 de l., et le château du Raincy 3 l.	5
Barr. de Passy.	10-a.	S. Cloud 1 l. 1/2. Sèvres 2 l., Versailles 4 l.	10
Barr. de Picpus.	9-d.	S. Maurice 1 l., S. Maur et son canal 1 l. 1/2	8
Barr. - Poissonnière.	3-b.	l'abattoir de Montmartre, *intra-muros.*	3
Bar. de Ramponneau.	8-b.	comme par la barrière de Belleville.	6
B. de la Rapée.	18-d.	les bords enchanteurs de la Seine, jusqu'à Charenton.	5 / 8
Bar. des Rats.	14-a.	le cimetière de Mont-Louis, et ses tombeaux.	8
Barr. de Reuilly.	19-d.	la vallée de Fécamp, et la Grand-Pinte.	8
Barr. du Roule.	1-d.	Courbevoye 1 l., Besons 2 l., Maisons 3 l. 1/4.	1
B. de la Santé.	20-c.	l'ancien hôpital de la Santé, act. ferme.	12
Bar. de Sèvres.	16-a.	les Moulineaux 1 l., Bas-Meudon 1 l. 1/4, Sèvres 1 l.	10
Bar. de Vaugirard	16-c.	Vaugirard, Issy 1 l., Meudon et Bellevue 2 l.	11
Bar. des Vertus.	4-a.	Aubervilliers, ou N.-D.-des-Vertus 1 l. 1/2.	5
B. de la Villette.	19-b.	la Villette, le bassin et le canal de l'Ourcq.	5
Barr. de Vincennes.	19-b.	Vincennes 3/4 de l., ses donjons et la forêt.	8

SUPPLÉMENT.

Rues.		Tenans.	Aboutissans.	Arr.
Championet (proj.)	6-b.	place Vendôme.	rue Duphot.	1
Chaussée (de la).	13-a.	place des Vosges.	rue Neuve st. Gilles. 13-6.	8
Bordel.	17-b.	*Voyez* rue Descartes depuis l'an 1813.		12
Descartes	17-b.	r. de la M. ste. Gen.	rue de Fourcy. 53-32.	12

Hôtels.		Situation.
Hôtel de Bénévent.	6-d.	rue st. Florentin, n° 2, et non rue de Varenne.
H. de l'Infantado.	6-d.	*Voyez* Hôtel de Bénévent depuis l'an 1812.
Hôtel Impérial.	11-b.	rue de Varenne, n°s 13 et 25.
H. de l'Octroi.	13-a.	rue des Francs-Bourgeois, et non quai Malaquais.
Hôtel Valentinois.	11-c.	*Voyez* Hôtel Impérial depuis 1812.

FIN.

RÉCAPITULATION NUMÉRIQUE.

Cette traduction, ou plutôt cette explication latine est spécialement destinée aux étrangers qui, quoique très instruits, sont peu familiarisés avec la signification de certains mots de notre langue, et pourroient fort bien prendre nos boulevarts pour des fortifications, et nos abattoirs pour toute autre chose que pour des tueries.